U0135747

新股市絕學 ❶

反向思考法

東
山
者

大秦出版社

東山重要消息

繼「股市絕學實戰教學」班後，東山即將於 2011 年 1 月起推出更上一層樓的全新教學課程:

進階班　盤中實戰學。

詳細課程內容請看本書 p.3～6。開課時間及報名方法隨時於網站公佈。

ps.有關作者東山所有重要消息如：開課、招生時間、出書、作品發表……均會於大秦出版社網站公佈

大秦出版社網址：www.da-chin.com
2010.11.25

東山 2011 年 1 月起將推出全新教學課程

進階班 盤中實戰學／東山主講

壹、股市贏家七大法

1.順勢藉勢不逆勢

　a.多頭行情

　b.空頭行情

　c.盤整行情

2.快速轉換思考邏輯

　a.空轉多

　b.多轉空

3.永遠盯緊老大的動向

4.從線型選股

5.非強勢股不買

6.精準調配資金——

　小量試溫做對加碼

7.由盤面找切入點——

　來得早不如來得巧

貳、怎麼做功課？

參、如何解讀線型？

1.如何判斷多頭行情

　盤頭不成反成底

2.如何判斷空頭行情

　盤底不成反成頭

3.如何判斷盤整行情

　盤底盤頭皆不成

肆、股市陷阱

1.多頭市場的空頭陷阱——

　回檔

2.長多股之拔檔點

3.飆股之賣點①長黑收盤

4.飆股之賣點②不收最高

5.飆股之賣點③不按例開最高

拾玖、尾盤加掛的意義？

貳拾、主力的盤中陷阱

報名方法：
上課費用：22,400 元
開課日期：網站公佈
上課時間：每星期日下午 1：30 至 5：30
　　　　　連續四週 / 共 16 小時
上課地點：台北市忠孝西路 50 號 21 樓之三
　　　　　(台北車站正對面)
主辦單位：大秦出版社
聯絡電話：(02)2211-7491
傳　　真：(02)2211-7493
網　　址： www.da-chin.com

從失敗絕境中悟出股市絕學

今周刊主編　謝富旭

闖蕩股市二十二年的東山，嘗過大賺與大賠的經驗。民國七十九年，台股從一二六八二點崩落，東山千萬元財富在短短數個月內蝕盡！然而，上天總是不放棄奮鬥不懈的人，在東山人生最落魄時，他淬煉出個人的「股市絕學」，邁向賺多賠少的投資坦途。

踏入《股市絕學》作者東山的書房，高至天花板而且占據三面牆壁空間的書架上，盡是歷史與文學類書籍。

搜尋良久，卻找不到一本財經或股市的書籍。好不容易才在不起眼的角落裡瞥見上幾套《股市絕學》。東山大方地說：「已經絕版了，你要的話送你一套！」

沒受過新聞訓練的記者，也會不假思索地問：「東山老師，你是歷史學家還是股市專家？」這位神情嚴肅、一頭亂髮，卻不時透著銳利眼神的中年男了，釋然一笑地說：「我是愛炒股的史痴」

很難把炒股家與歷史學家連結起來，但是，東山卻不可思議地讓這兩者出現奇妙的交集。我疑惑地問他：股票與歷史有任何共通點嗎？他答得很妙：「股票與歷史風馬牛不相及，惟一的共同點在於，人們從來不會從歷史中得到教訓，股市也一樣，人性的弱點不斷地在股市震盪起伏中重蹈覆轍，使得玩股票的人中，十個總是九個輸！」

東山一語道破股市投資人一直深陷其中，而且始終難以自拔的困境：多頭時總是因預設漲幅，即使有賺，卻賺不多；空頭時捨不得果決停損而且耐心等候落底，導致總是賠很大。

東山認爲，如果無法克服人性弱點，看透股市運動慣性的核心邏輯，絕大部分股票投資人，將永遠無法掙脫「賺少賠多」的泥淖。

然而，歷史學的素養，卻讓東山懂得從投資股市失利的慘痛個人史中記取教訓。他的「股市絕學」理論基礎，即是從個人的投資失敗經驗出發。這種從人生絕境中體認出的心法，代價極爲昂貴，但卻爲他一度掉入漆黑深淵的人生開散了一扇窗，讓他有東山再起的機會！

台股崩跌
開 BMM 變騎二手野狼一二五

在介紹東山的股市絕學理論之前，有必要從他的人生說起。東山生長於公務員家庭，因爲有八個兄弟姊妹，家中食指浩繁，生活極爲清苦。然而，東山從小學即對文史產生濃厚的興趣，儘管求學過程不順，但他對文史的熱情從未被澆熄過，甚至成爲日後他個人財富快速累積的泉源。

出社會後，東山旋即進入出版產業，不僅快速坐上出版社總經理的位置，後來甚至自立門戶當起老闆。豐富的人文素養加上對出版市場的敏銳度，東山策畫了幾套法律與醫學暢銷叢書，幸運搭上了台灣出版市場起飛期，熱賣超過五十萬本，也迅速累積了他個人的第一桶金。

東山說：「如以財富來當標準，我人生的高峰是在三十歲出頭，當時一家出版社總編輯的月薪了不起一萬多元，但我每天口袋總是帶著五萬元當零用！」

　　民國七十五年，台股加權指數突破千點，隔年又漲至二千點，少年得志的東山挾著本業豐沛的收入開始進場。台股漲破千點之後，展開史上最劇力萬鈞的多頭行情，儘管其間有劇烈的回檔修正，但隔不多久，總又屢創新高。東山的財富也隨著台股水漲船高，在七十九年加權指數攀登至一二六八二點的歷史最高峰前夕，東山擁有的現金部位已高達八位數之譜。

　　在多頭市場如魚得水的東山，因為手氣太順失去了對空頭的戒心，種下了日後瀕臨破產的惡因。東山回憶：「在一二六八二點之前，我一直把股市當作是挖不完的金礦，台股拉回後再攻，總是屢創新高點，讓我產生股市只有一路漲不會崩的錯覺。」「萬萬沒想到，矯正這個錯誤觀念竟讓我付出千萬元代價，甚至葬送了本業！」

　　抱著台股拉回後還會再創新高的觀念，使得東山在加權指數一二六八二點開始崩跌後一路進行攤平，最後甚至不惜融資，擴大資金槓桿攤平持股，完全不顧台股一路破底的現實。

　　東山感嘆道：「台股從一千點漲到一二六八二點花了四年的時間，但從一二六八二點崩落到二四八五點，卻僅花了約八個月時間。」「一二六八二點之前，我原本是開 BMW，八個多月後，我被迫把 BMW 賣掉，改騎二手的野狼一二五，沒想到這輛二手機車才買不到二個月，就被偷了！」

當頭棒喝
領悟到穿頭破底的慣性理論

　　一二六八二點後的股市崩盤，不單讓東山自股市累積的千萬財富在短時間內散盡，甚至還賠進了本業，並欠下不少債務。他自言：「我在股市上不敢說下過多少苦功，但苦頭肯定是吃了不少！」

　　東山強調：「即使在股市慘敗，依然無法擊垮我東山再起的決心，我積極閱讀坊間的股市書籍以及尋求明師，直到有一天，朋友硬拉著我去參加一位老師的技術分析課程，他一個『穿頭破底』的觀念，宛如對我的當頭棒喝，這就是日後我在八十一年後的幾年，逐漸形成股市絕學理論的最重要引爆點！」

　　東山進一步解釋道，「股市絕學最重要的核心觀念，一句話說穿了就是穿頭穿頭再穿頭，破底破底再破底的過程中，股票價格運動在某一段時間內總是存有一定的慣性！」這個觀念乍看之下很簡單，但是在實踐上要做到「在股價不斷穿頭過程中不預設漲幅，在破底空頭過程中不貿然進場」，卻極為困難。

絕學一
轉多敢追，轉空敢砍，盤整要會忍

　　基於股市價格運動存在一種難以言喻的慣性，東山體悟出，價格如果呈現出不斷地穿頭又穿頭的律動時，即可定義為多頭市場；反之，如果呈現破底再破底的走勢，即是空頭市場。但是，大部分的投

資人在多頭時，老是恐懼好不容易賺到的錢因回檔而吐回，因此常會不自主預設漲幅而不當停利。空頭時卻不甘心虧損而不斷攤平，導致虧損總金額不斷擴大。

東山說：「很多人被『逢低買進、逢高賣出』這句所謂股市的真理給害慘了」，「穿頭破底理論第一要務就要先打破這個迷思！」

東山指出，股市趨勢只有三種形態，漲勢、跌勢與盤整。在漲勢時不預設漲幅，等到上升趨勢被破壞時，再來砍股也不遲。空頭時也切勿猜測底部，等到股價反轉確立後，再重新進場的風險最低。

至於盤整，則因套利幅度有限，常會小傷累積成重傷，因此應忍住不投資。把握住這個最基本原則，投資人擺脫賺少賠多宿命的機率可大幅提高。

然而實際操作上，市場走勢通常極為複雜，股價處於漲勢時，主力常會進行洗盤使漲勢暫歇而拉回，跌勢時也常出現主力要出貨，刻意拉抬而出現反彈，遑論假突破或假破底的出現，更是家常便飯。

東山說，面對這種情況，如果是在多頭走勢突然出現跌停板，代表上漲慣性已遭初步破壞，他經常會選擇先賣出觀望，等到股價整理過後如果再突破新高，他將不惜大膽追回。跌勢中的股票如果出現反彈後再拉回，但拉回不破前低點，即是買點。但買進後，如不幸再破前低點則應毫不留情地停損賣出。

東山說，這套心法看似好像要教投資人「追高殺低」，卻不知追上漲中的股票，其實獲利機率最大；砍下跌中的股票，卻往往可把風險降至最小。運用這套絕學，東山不僅避開了二〇〇一年與〇八年的兩次大空頭，得以持盈保泰，更在今年逮到天瀚與士紙兩檔飆股，獲利豐碩。

他表示，悟得這套心法之後，在操作上總是賺多賠少，目前惟一難以克服的心魔，是盤整時總是會違背自己的理論手癢進場，「但盤整時我最多以一成資金進場，即使虧錢也不至於亂了整個操作大戰略！」他如是說。

絕學二
抱緊大盤大腿的西瓜幫生存哲學

如果說「低買高賣」是東山操作股市最痛恨的一句話，那麼他第二痛恨的另一句話就是「選股不選市」。東山認為，大盤是所有個股的集合體，如把股市比喻成一棵大樹，大盤就是樹根樹幹，其他個股就是樹枝與樹葉。如果樹根長不好，樹枝與樹葉大多會營養不良。

因此，大盤走空時，不應作多個股，因為大盤走空時的強勢股行情往往曇花一現，至於與大盤逆勢反向運動的股票，日後崩跌或成為地雷股的機率相對較高。同樣地，大盤走多時才是飆股的沃土，這時擒賊應先擒王，應該鎖定最強勢的股票用力作多。

東山表示，在他心中沒有所謂的績優股，只要能大漲也能大跌，就是他心目中的好股票。在大盤走多時，他選擇強勢股的方法很簡單，就是處於多頭的大盤若途中拉回時，個股股價相對抗跌，或在大盤再度發動攻堅時，股價領先上漲的股票，就是強勢股。

他比喻，抱緊大盤大腿的操作，就如同觀察多空廝殺分出勝負後，再選擇加入贏的陣營，如果多方贏就作多，空方贏就作空，多空兩方若殺得難分軒輊，身為散戶的投資人則不應押寶任何一方。這種

「西瓜偎大邊」的哲學，才是散戶能在險惡股市求生存的哲學。

東山「股市絕學」理論還有一個最大的特色在於：除了價格與籌碼面這兩大因素外，東山棄其他技術指標如敝屣。東山之前曾經下工夫鑽研其他技術指標，結果發現它們大多是根據價量而來，「既然如此，我們為何還要捨近求遠，從後知後覺的各種技術指標來求先知呢？」

絕學三
價格才是最誠實的指標

至於基本面的財務數字以及總體經濟數字，東山僅是參考。「價格才是最誠實的指標，就如同女孩子，要穿得少才知道身材好不好！」「近年來，我甚至對籌碼面指標的信任度也在降低之中，專心研究價格變動！」

除此之外，東山雖然體悟出股票價格運動會有一定的慣性，但所謂物極必反，股價再怎麼漲，總難逃大跌命運，而大跌的股市終究也會有漲的時候。如何判斷股市多空易位，掌握進出場時點，東山靠的是趨勢性與平均線的交叉運用。

東山指出，趨勢性就是代表股價變動的方向。所謂江山易改、本性難移，因此，愈長時間的趨勢性愈不容易改變，如果長趨勢改變了，意義更顯非凡。換言之，愈短的趨勢愈容易改變。問題是，長趨勢是由短趨勢結合而成，如果等到長趨勢形成再進、出場已經來不及，因此，短趨勢在操作上是最重要的依循指標。

判斷短多進場訊號上，東山個人偏好五日線向上穿越十日與二十

13

日平均線，而且這三條線必須呈上揚走勢才算，如果出現這樣的訊號，他會選擇開始少量進場，密切注意趨勢是否會因此改變。反之，如果五日線向下跌破十日與二十日均線，並同步下彎，則是短線空頭乍現的訊號，則要留意趨勢性是否將反轉向下。

求得自在
靠絕學理論成功擺脫投資的焦慮

今年五十七歲的東山不諱言，一二六八二點崩盤那次受傷太重，儘管之後體悟出股市絕學，並按照該理論操作，這十幾年來雖在股市趨吉避凶，賺到了錢也還了大部分的債務，但是因操作部位已大不如前，加上個性更為謹慎小心，目前的財富無法與三十幾歲時的高峰相提並論。

不過，東山表示，現在的生活過得比從前還自在。因為「股市絕學」的理論讓他在詭譎多變的市場中大大降低了恐懼的焦慮，以及害怕失去後的悔恨感。

目前的東山，白天雖廝殺於股市戰場之中，下午仍能愜意地讀史著書。他近幾年以「李安石」為筆名，出版十本關於三國史與孫子兵法通俗史書，不僅獲兩岸學術界高度評價，也成為出版市場上罕見的文史暢銷書。

此刻，落日餘暉灑進東山的書房，訪談尾聲時他一時興起，吟起最喜愛的大詩人李白的《將進酒》，還問我，聽起來是不是很有味道？這一天台股暴跌二三九點，看來東山在股市真的灑脫自如了。

（原載今周刊 657 期）

股市絕學實戰教學 東山主講

為什麼買了就套？
該跑時又不知跑？
為什麼多頭時總賺不到什麼錢？
空頭時還執迷不悟多單抱牢？
為什麼老是望飆股興歎？
而總與牛皮股緣不盡情未了？
為什麼老是選錯了邊？
讓財神爺不肯多看我一眼？

與東山分享私房股市心法
從此揮別股市魯肉腳生涯

第一單元　諸葛亮兵法 — 懂就贏的七大戰略

勝兵先勝而後求戰，敗兵先戰而後求勝 / 孫子・形

壹：股市諸葛亮
貳：股市投資八大迷思
參：股市唯一的老大 — 大盤
肆：財神爺在哪裡？ — 什麼才是好股票
伍：敵一動我先動 — 抓住第一進場時機
陸：技術面決定中長線多空 — 業績只是參考

壹：看盤的四個絕招

貳：判斷個股盤中強弱勢五大法

參：盤中選股 — 漲停板操作學

肆：如何從線型找大飆股

伍：飆股一定買得到

陸：績優股操作法

柒：如何甩掉致敗基因

捌：股市輸家七大病

報名方法：請電洽大秦出版社

電話：(02)22117491

傳真：(02)22117493

小班制

上課時間及地點：網站公布

網址：www.da-chin.com

上課費用：28,000 元

第二次上課只收 10,000 元，第三次以後 5,000 元

上課時間：每星期六下午 1:30 至 5:30 共五週/20 小時

新股市絕學① —反向思考法— 目 錄

價開高與開低的解析與操作

　　個股在開盤時開高或開平後急速拉高,代表其價表現強勢。然而,開高後能否持續走高、守高、收高的決定性關鍵,除了個股的技術面外,最重要的一點是,大盤處於什麼樣的趨勢。

　　所謂趨勢,就是行情。大致而言,又分三種:

　　空頭行情、盤整行情、多頭行情。

　　限於篇幅,這裡無法對這三種大盤的技術現象詳加解說,只能簡單地提一下:

空頭行情的特性

　　空頭行情又分大空頭〈持續走大跌〉與小空頭〈空頭初起〉。

　　請看圖 A 大盤日 K 線圖:

　　這是一波從 9309 到 3955 的大空頭市場

　　注意其特性

頻創新底，漲少跌多，反彈不過前高。6個多月的時間內整整跌掉了 5354 點，跌幅57.5%。

大盤受重傷，許多個股更是奄奄一息。不僅如此，這期間不但沒有大漲股，甚至股價打到 1 折以下的比比皆是。許多投資人在這波大空頭中之所以受重傷，是因為忽略了大盤對個股的絕對影響力！

盤整行情的特性

盤整行情又分強勢盤整〈休息一下續漲〉與弱勢盤整〈休息一下再續跌〉。

請看圖 B 大盤日 K 線圖：

圖中 A 區是個弱勢盤整。

大盤從 97 年 5 月 20 日的 9309 反轉下跌，2 個月內跌了約 2 千點。因為價格打了約 8 折，呈相對便宜，吸引了部份想撿便宜的買盤，因而出現了二小波小反彈。然而只打 8 折還不夠，因為大多數人不認同，所以反彈後續跌。

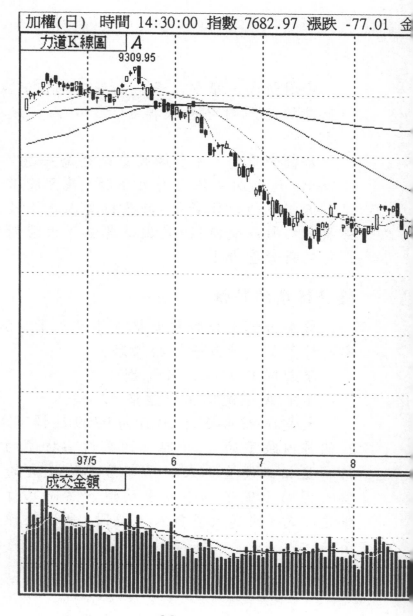

加權(日) 時間 14:30:00 指數 7682.97 漲跌 -77.01 金

力道K線圖　Ａ

9309.95

97/5　　　6　　　7　　　8

成交金額

22

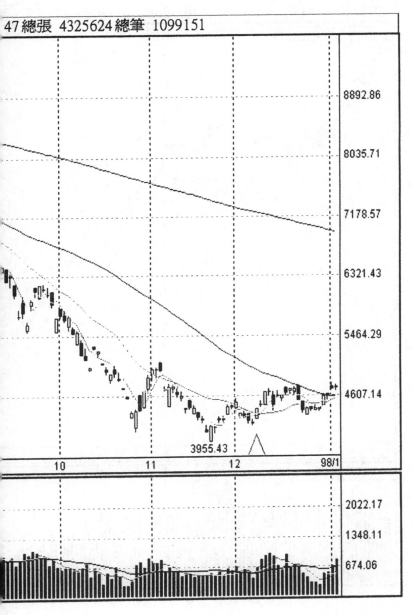

B 區的情況就不太一樣了！

從 9309 到 3955，共跌了 5354 點，跌幅 57.5%，大家都覺得夠便宜了，價因此不再跌。經過 4 個月左右的盤整後，從 98 年 3 月初開始上漲，一直到 6 月 2 日的 7084 才暫時打住，共漲了 3129 點，漲幅 79.1%，這就是強勢盤整。

多頭行情的特性

多頭市場又分大多頭〈持續大漲〉與小多頭〈多頭初起〉。

請看圖 C 大盤日 K 線圖：

這是個標準的大多頭市場。

特性是：

1.均線呈全面多頭排列。

2.價頻創新高。

3.回檔不破底。

4.縱有破底亦不成慣性(96 年 3 月上旬)。

5.個股大部分同步上漲。

6.只有在這樣的條件下，才會出現大飆股。農林（2913）和美德醫（9103）就是當時

兩個著名例子。

　　爲什麼操作的是個股，卻又得先看大盤的臉色？道理很簡單，大盤是所有個股的總集合體，兩者關係極密切。打個簡單的比方，大盤像一顆大樹的樹根、樹幹。個股像樹枝、樹葉或葉芽。如果樹根、樹幹營養不好，樹枝、樹葉一定長的不好，這是很簡單的道理。

　　從這個角度回頭看個股與大盤的關係，我們可以發現：

不同行情下的個股特性

一、當大盤走多頭行情時，會冒出許多大
　　飆股，漲幅三、五倍者比比皆是，十
　　幾倍的也不稀奇。
二、當大盤陷入盤整時，盤中強勢股只會
　　有一天，至多二、三天的行情，一買
　　就短套，怎麼做怎麼不順。
三、當大盤走空頭行情時，不管好股、壞
　　股，通通下跌。且跌勢一發不可收
　　拾，有些個股股價腰斬腰斬再腰斬，
　　甚至打一折以下也稀鬆平常。

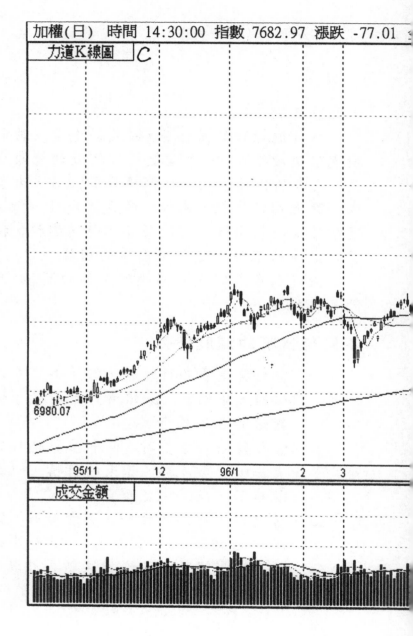

加權(日) 時間 14:30:00 指數 7682.97 漲跌 -77.01

力道K線圖 C

6980.07

95/11　　　12　　　96/1　　　2　　　3

成交金額

28

許多投資人往往忽略了這一點，常因此犯下致命性的錯誤——只看個股，不理大盤——而受重傷。

　　理解了個股對大盤的依賴性，以及大盤對個股的強大影響力之後，對於個股在各種不同行情中，價的開高或開低，就會知道該如何應對了。

　　先說明二點〈以下均以空手爲前提〉：

1. 下文中的開高，不僅包含跳空漲停，也包含開盤價漲 3.5%以上。此外，價雖開平，若十分鐘內迅速拉高至 5%以上者，亦視爲開高。

2. 價若開低，是弱勢，任何弱勢都不宜買，除非其弱勢能轉變爲極強勢。

　　如果價開低，自然不必理會。但有些主力股，喜歡在盤中突襲，先是讓價處於平盤附近或以下游走，等到中場或尾盤時，忽然以大買單急拉，走勢如沖天炮股，仰角直衝漲停，這種走勢，代表其慣性的改變——由弱轉強——亦視爲開高的一種。

壹、大空頭市場的開低與開高

　　行情走大空，大盤通常會開低、走低、收低。大盤既然弱勢，個股順勢開低，這是很正常的事。這種低不能伸手接，因爲以後〈盤中、尾盤及日後〉會有更低，接不勝接，且越接越套。更先別預期它會在盤中走高，讓你有高價搶短。

　　請看圖 D 聯發科日 K 線圖：

　　96 年 11 月 2 日，聯發科連二天出現了跳空跌停。開盤跌停就是開低，價開低的個股不能接，因爲可能還有更低。果然，一直跌到 98 年 2 月的 275.5 元才止住。聯發科爲什麼會開跌停？因爲當時的大盤正處於 9859（96 年 10 月 30 日）到 7384（97 年 1 月 23 日）間的小空頭走勢中。大盤不好，個股休想好得了，即使聯發科這樣的績優股，依然不能自免於大盤之外，其他的就更別説了。

　　如果是開高呢？很可能只是短線跌幅已大的反彈而已。爲什麼跌幅已大就會反彈？這是因爲價已相對便宜〈但未必絕對便宜〉，因

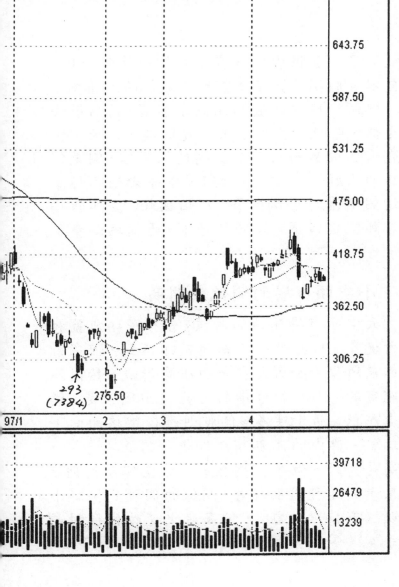

而吸引了一些很聰明〈買了之後小反彈一段〉或自以爲聰明〈買了之後即下跌〉的人搶短。

空頭行情中個股的開高不能買，因爲很快會走低、收低，快則當天，慢則二、三天。但對先前已被套而來不及拔檔的人而言，倒是個不錯的出脫點〈少賠一些〉，空手者則不妨掌握這個不錯的空點出擊。別怕被軋，空頭市場沒有軋空這回事，如果空對了，再伺機酌量加碼。

貳、小空頭市場的開低與開高

大空頭市場開始的時候，會有一些訊號和技術現象，只有老手才知道苗頭不對，但多數人都無所覺。因爲大空是由小空形成，然後逐漸確定的。小空頭市場的大盤盤面現象是，價越走越低，漲少跌多。個股則進行價格的向下大調整，盤中的高點稍縱即逝，開低不奇怪，開高是意外。做多立刻被套，做空容易進財。一旦看到這種盤面現象，開低的個股趕快認小賠砍〈有持股的話〉，開高者火速拔檔獲利並反手空，等鈔票到懷裡來。

參、盤整行情的開低與開高

　　盤整行情的大盤現象是，短線上，上有鍋蓋，下有鐵板。指數上不去也下不來。既然大盤有氣沒力的，個股也不容易活蹦亂跳。就算盤中有開高的強勢股，頂多也只會有一、二天行情。在這種情況下，個股開低不意外，開高則不宜買。因為很容易盤中即走低，一進去就短套，划不來。

　　面對盤整行情，不管開低或開高，都應按兵不動，暫時退出市場，以免短進短出久了，累積小傷成重傷。

肆、小多頭市場的開低與開高

　　大盤多頭初起時，因為先前經歷過一番空頭行情，所有的個股線型都不會好，很難從技術面上選股。這時候，開低的個股將持續整理，不妨先擺一邊。比較值得注意的是，那些少數敢於開高的個股。敢開高，代表其背後主力不但看好後市行情，也比別人更有企圖心。這種股，很可能是反彈的第一波強勢股。如果

其技術面顯示，長線跌幅比別人大〈價格比人便宜〉，短線跌勢又猛又無量〈上檔壓力小〉，或有 V 轉的可能，不妨搶進一些。若第二天大盤持續上漲，該股又續展強勢，可再加碼，直到轉弱時再出。

請看圖 E 大盤日 K 線圖：

3955 的低點出現後，這個低點雖從此不再現，但我們也不知道什麼時候展開反彈行情？何時才是最佳最安全的進場點？

別擔心，技術面會有答案。在 4923 突破前波高點 4817 時是第一個進場點。因為買了之後 4817 沒再回來，就算又回到 4817，最多也只賠 100 點而已。相對於 9309 到 3955 的跌幅，沒啥大不了的。

第二個，也是最後的最佳進場點，則是5124 那天，因為它又突破了 5095 的前波高點了！

請看 F 圖大盤日 K 線圖：

從 98 年 3 月中旬開始，大盤結束了一段4 個月橫盤，走了一波多頭行情。這波小多頭，一直走到同年 6 月 2 日的 7084，一共漲

了 79.1%，其實不「小」。

同一時間內，出現了昱泉（6169）、美嘉電（4415）、合機（1618）……等超級大飆客，最兇悍的美嘉電，漲了 18.49 倍，這種「奇蹟」，只有多頭市場才會有！

伍、大多頭市場的開低與開高

大多頭市場中，主力大戶與大多數投資人做多的意願都很強。所以，隨著大盤的強度，個股順勢開高的機率都很高，且開高後不易走低。這時候，越敢開高的個股〈尤其大盤開始走升的第一、二天〉，越是進場標的。開低的個股則是弱勢，先別指望它能開低走高，更別浪費時間在這種弱勢股上。

比較值得注意的是，昨天還走勢平凡的個股，今日忽然跳空開高，很可能是整理完畢，主力將展開攻擊的訊號。價開愈高，這種可能性愈大。

多頭市場中，股價〈含大盤與個股〉的特性是，不斷創新高。所以，多頭市場中，就算被套，也不難解套。基於此，多頭市場中的操

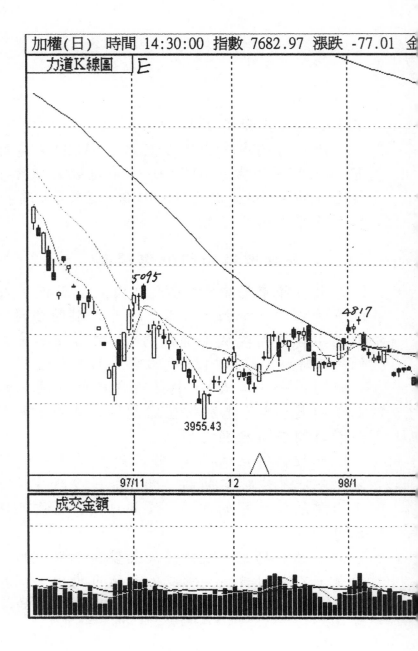

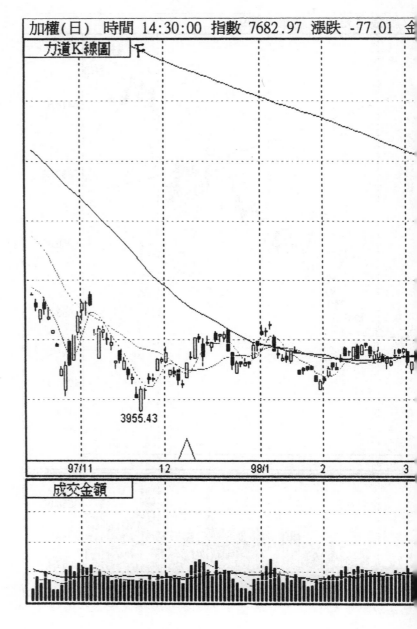

7084.83

6928.57

6357.14

5785.71

5214.29

4642.86

4071.43

4

5

6

7

2058.08

1372.05

686.03

作，不妨積極一點，這可是個搶錢的好時機啊！

請看圖 G 農林日 K 線圖：

大盤從 95 年 7 月 17 日到 96 年 7 月 26 日，走了一個一整年的大多頭市場，從 6232 大漲至 9807，漲點 3575，漲幅 57.3%。別小看這 5 成多的漲幅，已夠農林在短短 2 個月不到的時間內，從 6.97 元大漲至 34.8 元了！

陸、狂飆股的開高與走低

所謂狂飆股，指的是不斷地以漲停開盤，盤中漲停鎖死，持續無量飆升，連拉十幾二十根漲停的超強股。

這種狂飆股，通常出現於多頭市場中，一旦起動，想買都買不到，想買這種股，除了勤做功課〈技術面會顯示其大漲的可能性〉，認真看盤外，還需要一點運氣。有幸買到這種股，只要盤中價不動、量不出，別管它已漲了幾根停板，也別管大盤盤中怎麼走，更別理會指標是否過熱，抱牢就是了。

請看圖 H 昱泉日 K 線圖：

這是多頭市場才會出現的飆股。16 天內連拉 16 根漲停，中間只有 2 天大量洗盤，除漲停小開之外，價並無拉回。碰到這種超強股，只要價能收漲停，別管量多少，別管指標是否過熱，也別管大盤怎麼震盪，抱牢就是了！一旦價的走勢慣性改變，就是拔檔時機了。

洗盤與出貨

然而，不管多兇悍的超強股，飆升過程中，一定會洗盤。方式是，量放大，漲停打開，盤中上下震盪一番，又收漲停，第二天或幾天後又持續無量飆升。

洗盤的方式，依主力的操作模式，各有不同。有的不破平盤，有的只在高檔震盪，有的殺到跌停又拉漲停；有的一天完成洗盤，有的要三、五天。

不管主力以什麼方式洗盤，如果漲停打開已先拔了檔，只要能再收漲停，就再買回來，盤中的價差就別妄想了！

然而，盤不能老洗，一旦洗盤的頻率越來

[2913] 農林(日) 時間 14:30:00 買進 20.45 賣出 20.50

力道K線圖　G

6.42

↑
6.97

96/5　　　　　　6

成交張數

44

50 漲跌 +0.90 單量 847　　總量 29850

34.80

32.70

29.40

26.10

22.80

19.50

16.20

12.90

9.60

6.30

8

9

116056

77371

38685

力道K線圖　Ｈ

24.60

98/2　　　　　　　　　　3

成交張數

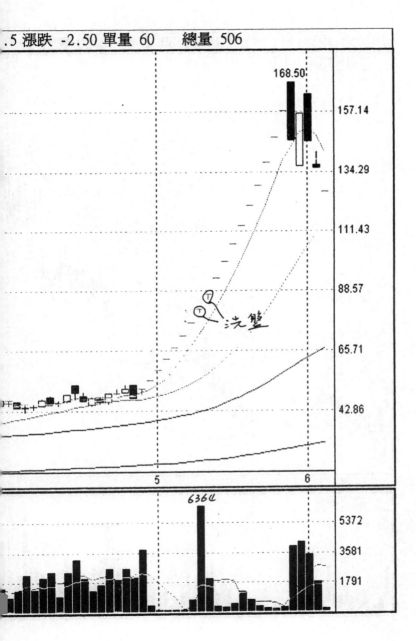

洗盤

636U

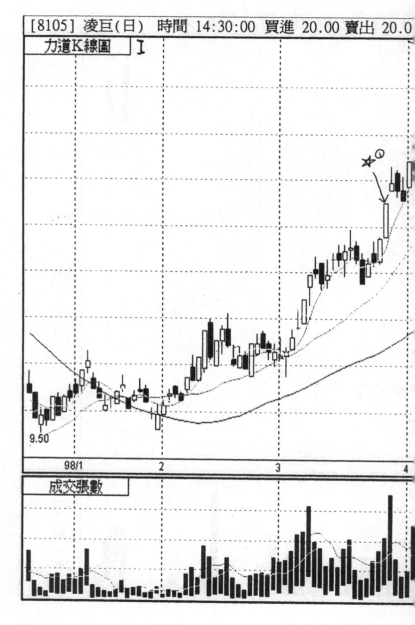

越高，節奏越來越快時，就表示主力的拉抬意願度降低——想出貨了。

如果主力原先的洗盤方式是，漲停開一小下，量放大後，迅速又關門鎖死，一旦漲停又開又關，老鎖不住，且跌幅超過上次漲停打開的震幅時，代表其慣性改變——主力不玩了，應火速市價拔檔。這種開高走低的模式是多頭的危險訊號，若大盤也由此拉回，則從此弱勢走崩的機率很大。不快點走人，很可能白忙一場。萬一在高檔被套，結局只有一個字——慘！能不慎乎？

最後，再請看圖 I 凌巨日 K 線圖：

圖中顯示，凌巨是一檔技術面不佳的個股。因爲技術面不佳，儘管大盤已從 97 年 3 月中旬展開一波小多頭行情，它就是走的拖泥帶水的。

就因爲技術面不好，就算能拉出漲停，它的強勢延續性就是不佳。圖中☆所指處，都是漲停板，尤其（2）那一天，盤中更是強勢（參看當日 5 分鐘圖），但沒用，第 2 天又立刻軟了下來！

股市投資的八大迷思

根據統計，九成的股市投資人都是輸家，但剩下的一成中，有一半是不輸不贏，真正的贏家只有 5%，而真正的大贏家則只有 3%而已。

這樣的比例，就好像大學入學考的台大錄取率。

幾乎每個考大學的人都想念台大，但只有 3%的人能如願。而這 3%的人之所以能進台大，原因只有一點：

因為他們會回答 97%的人不會回答的問題。

反過來說：97%的人之所以進不了台大，是因為他們會答的問題，別人也會。

知識與本事

就這個角度來看：

大家都懂的事，叫常識，不叫知識。

大家都會的事，叫本能，不叫本事。

而光有常識，光憑本能，是進不了台大的。

股市投資，亦復如此。

95%的人之所以賺不到錢，甚至還賠錢，是因為他們用常識和本能去面對詭譎多變而又複雜萬端的市場的緣故。

台股走過了幾十個年頭後，很自然地會出現一些操作「法則」，時間越久，流傳越廣；知道的人越多，相信的人越多，因而形成了極弔詭的現象：

越多人認同，越多人尊奉，就越不靈。

因為，你如果只懂這些「法則」，只用這些招數，只會讓你永遠停留在中段班，甚至後段班。不但沒賺到錢，還會賠錢，只是賠多賠少而已！

既如此，要怎樣才能進入前段班中的前段班呢？

戰略高度主導勝負

要做任何一件事情，都需要大方向，以及

完成大方向的指導原則，這就是戰略。

　　股市投資也一樣，只要戰略高度夠高，縱深夠深，即使戰術稍差，也一定能賺到錢。

　　然而，興利之前必先除弊，想建立良好的股市戰略觀，一定要去除掉讓人迷思的觀念迷霧。

　　股市的迷思很多，這裡只舉出其中八項，並以事實驗證，驗證後，再提供另一個思考角度，供大家參考。

　　如果你以往一直用傳統的方法操作，如果你一直是被財富分配的角色，請仔細閱讀本文，並重新調整投資策略，說不定會有另番局面也說不定。

1 選股不選市？

─沒有市哪有股─

這是市場上流行甚廣的話。意思是說：別太理會大盤，鎖定個股操作就行了。這個理論的最重要基礎在於：個股走勢不會受大盤行情影響。反過來說就是，大盤走勢不能左右個股行情。

真是這樣嗎？

大盤是所有個股的總集合體

所謂大盤，就是所有個股的總集合體。就這個角度來看，大盤是樹根、樹幹；個股依權值大小，分別為樹枝、樹葉或樹芽。

一棵大樹要長得好，要枝繁葉茂，是否要樹根、樹幹提供養分才行？答案當然是肯定的。

回到正題，同樣的邏輯，個股若要漲，要

大漲，自然是利用行情走多的時候，機會更大，可能性更高。道理很簡單，行情走多時，代表大部分資金站在多方，多頭只要稍一使勁，價格就上去了。

反之，當行情走空時，代表大部分資金不是撤離，就是站在空方。這時候，個股若逆勢走多，不啻逆水行舟，很可能翻船且容易成為「槍打出頭鳥」的標靶，「陣亡」的機率很大。

空頭來時績優股照跌

以聯發科（2454）為例，這是一檔全市場公認的好股票，體質佳、獲利高，形象好，是法人、中實戶、保守型散戶的最愛。

然而，這種數一數二的好股票，當行情開始走空後，也不能免俗的大跌。

請看【A1】聯發科日K線圖：

大盤在97年5月20日自9309展開一波大空頭，一直大跌至同年11月21日的3955才止住；跌點5354，跌幅57.5%。

同一時間內，聯發科則自426元重挫至177元，跌了249元，跌幅58.4%，和大盤差

不多。請注意，這是聯發科才有的「特殊待遇」，換了別人，可就沒這麼好康了！

績劣股慘跌

請看【A2】皇翔日 K 線圖：

皇翔在市場上，雖然不算 A 咖，至少也在 B 咖跟 C 咖之間，但同一時間內，股價從 92.5 元重挫至 8.83 元，只剩不到一折，慘哉！

你以為皇翔的例子是特例嗎？

事實上，和皇翔一樣悽慘的，大有人在，宏都（5523）、華上（6289）、力晶（5346）、捷泰（6165）、茂德（5387）……都是。

讀者們不防撥空一一檢視這段時間所有的個股現象，當會發現，個股平均跌幅至少都七成以上。比起來，聯發科簡直可稱為「中流砥柱」呢！

空頭行情反彈難搶

話說回來，不管是多慘烈的空頭行情，盤面上，一定會出現逆勢強漲股，於是便有人昧於情勢而見樹不見林，或心存僥倖，眼見栗子

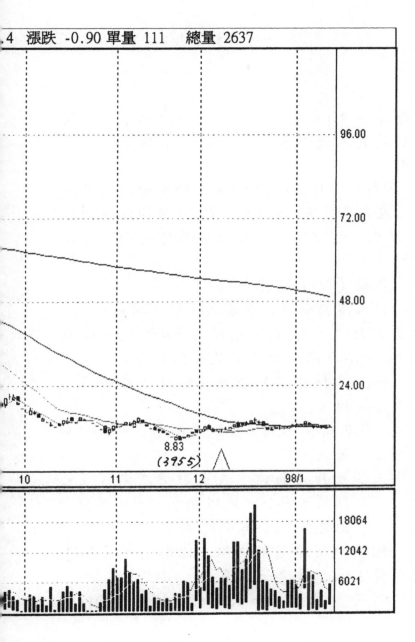

8.83
(3955)

「光鮮可口」，便伸手去取，卻忽略了栗子周圍都是火，火中取栗的結果，不被燒傷才怪呢！

97 年 5 月 20 日的 9309 的空頭起動後，大盤在同年 7 月 16 日到 8 月 15 日間試圖打一個 W 底，這期間內，指數最低為 6708，最高 7376。

見圖【A3】地球（1324）

利用這個時機，地球也順勢展開強彈，九個營業天內，自 8.7 元彈至 14.8 元，彈幅 70.1%，不可謂不大，但又如何？

一、多數時間都是跳空漲停，根本買不到。

二、正常買不到，買到反而不正常──開始跌。

三、反彈又如何？在大盤盤底不成反成頭的形勢下，地球順勢回跌，不但把彈幅跌完，還倒貼呢！

地球的反彈還不夠強，比起下圖【A4】的伍豐，他還略遜一籌呢！

97 年 9 月 18 日，大盤已下挫至 5530，但

62

伍豐卻逆勢從 66 元強力反彈至 117 元，12 天以內，彈幅 77.2%，幅度比地球還大，但又如何？和地球一樣，想買買不到，買到就是反轉的開始。這些都是畫中大餅，中看不中吃，選股不選市嗎？恐怕難有好果子吃！

選股之前必先選市

　　如果選股之前先選市呢？

　　那可就是天堂與地獄的差別了！

　　歷史經驗驗證了一點，個股想漲，想大漲，只有在大盤走多時，而那種噴出的狂飆股，有而且只有在大盤明確走大多時，才會出現。

　　請看下面【A5】美嘉電（4415）日 K 線圖：

　　看到沒有？在 3955（97 年 11 月 21 日）到 6657（98 年 6 月 11 日）這段大盤走多的期間，美嘉電可以從 7.25 元大漲至 148.5 元，漲幅 1948%，將近 20 倍，過癮吧！特別提醒一點，在它飆升過程中，行情是走多頭的。

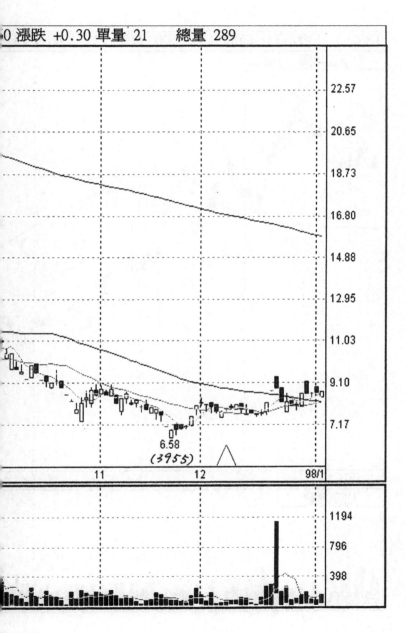

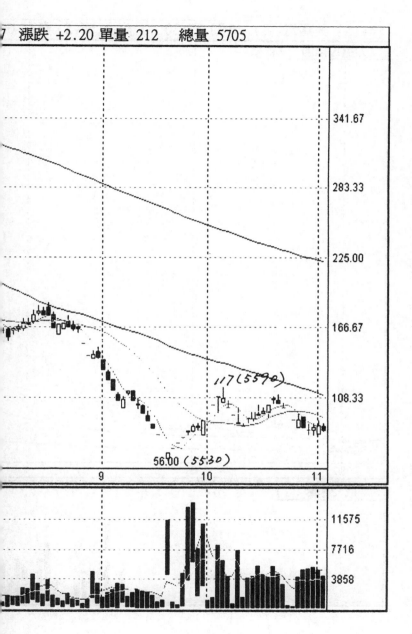

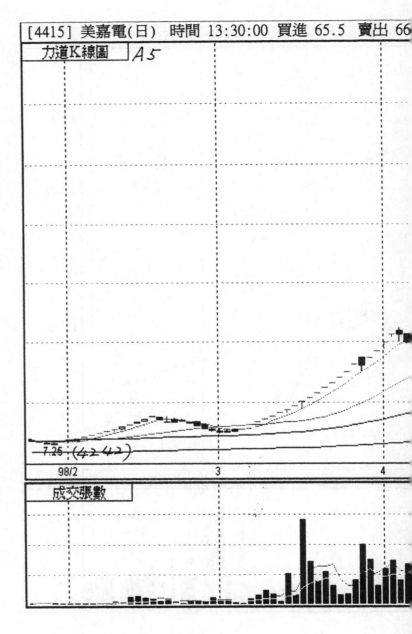

68

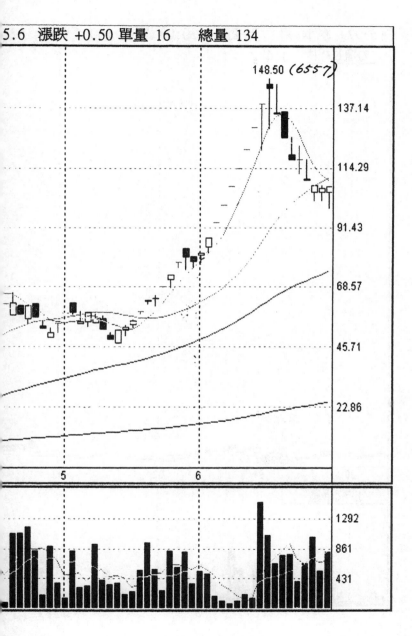

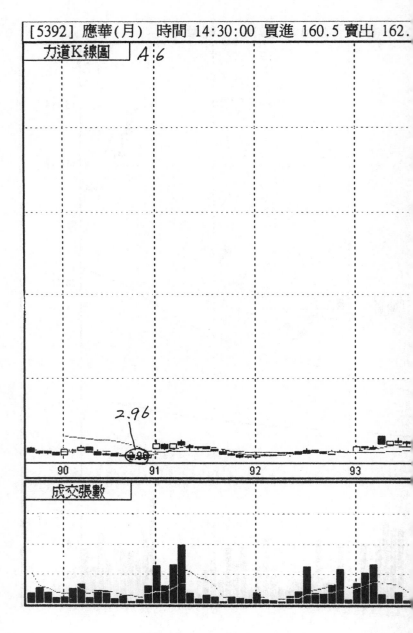

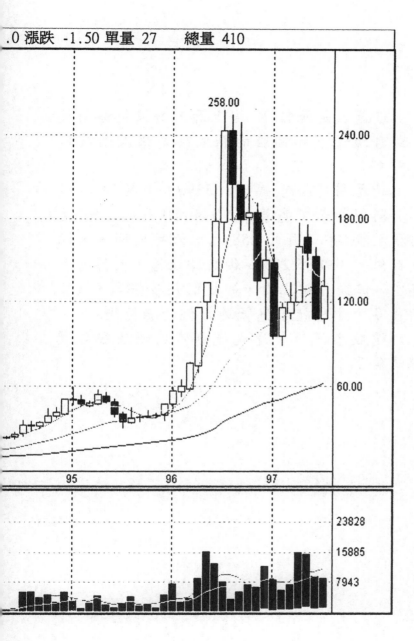

這還只是就日 K 線上看，如果把格局放大到月線呢？那個股的漲幅可是讓人嚇破膽呢！

　　請看圖【A6】應華（5392）月線圖：

　　圖中顯示，應華從 90 年 10 月的 2.96 元大漲至 96 年 7 月的 258 元，六年之間，大漲近百倍——9885.27%。從日線上看，大盤有多有空，但從月線上看，卻是個長多格局，就因為長多，才造就了應華近百倍的漲幅啊！

　　選股不選市？還是先選市再選股？這就很清楚了。

2 量是不會騙人的？

─量不但會騙人而且常誤導人─

市場上說：量是不會騙人的。因為它是實際交易的結果，是最眞實的存在，因為它眞，是推論價走向最好的依據。

所以：量比價先行。

意思是說，量帶著價走。只要量能放大，則價也將跟著上揚，有量就亮，行情走多；反之亦然，只要量縮，則價也將跟著下跌，行情轉空。

在這樣的理論基礎下，又衍生出二個以量判價的法則來：

量大做頭量小打底？

一、量大做頭，最大量出現後，三天內若無更大量，就表示價的頭部到了，價的頭部到了，就表示該賣，該反手為

空了！
二、量小打底，最低量出現後，若三天內
　　沒有新低量，則表示底部到了，該進
　　場買股票，該反空為多了。

　　真的是這樣嗎？

　　從量的大小，就可藉此判定價的高低，乃
至頭部與底部嗎？

　　檢驗理論最好的方法就是事實，而股價的
事實，就是 K 線圖，不妨就 K 線來印證上述
這些理論的是與否、對與錯？

量真的比價先行？

　　先來看看是否真的量比價先行？

　　請看圖【B1】

　　這是台股有史以來，最兇悍的一個大空頭
行情，從 79 年 2 月 12 日的 12682 歷史天價，
八個月之內；重挫至 2485，跌點 10197，跌幅
80.4%。在這波下跌過程中，價（日 K 圖）與
量（成交金額）隨著行情走空，而同步走低。

　　現在，問題來了！究竟是因為價帶領量向
下走？還是量引導價往南行呢？

看起來，似乎是個雞生蛋，蛋生雞的問題！

量比價先行的理論很簡單：

因為量變少了，表示人氣弱，沒人願買股票，股價因此跌了。

我們也可以反問，為什麼沒人願意進場做多？為什麼人氣弱？為什麼量少？為什麼價跌？

「史記」李將軍列傳裡有一句名言「桃李不言，下自成蹊」。意思是說，桃樹、李樹因為會結甘美的桃子、李子，不必出聲吶喊，就會有人來採，面前因此出現了步道。這個故事說明了一點，人對「利」有難以抗拒的特性。

空頭市場的價量關係

所以我們不妨從人性趨利避害的角度思考量價誰領導誰的問題。

相信沒有人會反對下列論點：

量少代表人氣渙散。

人氣渙散表示很多人都不玩了。

而大家之所以不進場，是因為行情沒搞頭。

加權(日) 時間 14:30:00 指數 7682.97 漲跌 -77.01 金

力道K線圖 B1

12682.41

79/2　　　3　　　4　　　5　　　6

成交金額

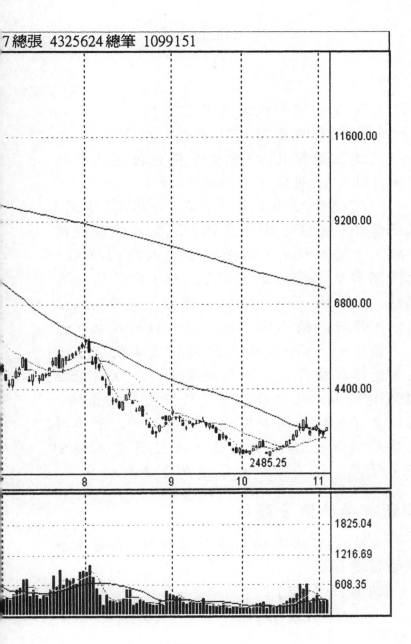

11600.00

9200.00

6800.00

4400.00

2485.25

8   9   10   11

1825.04

1216.69

608.35

行情沒搞頭，代表作多容易賠。

做多容易賠是因為股價在走空頭。

從這個邏輯反推，究竟是價先行還是量先行，情況就很明朗了！

一般投資人會進場買股票，是因為「以為」買了會漲、會賺才掏腰包的。沒有人明知股價會跌、會賠而進場，這是個合乎人性的推論。就這個角度來看，自 12682 開始，由於價越走越低，投資人一進場就跌、就套、就賠，失望之餘，只好認輸出場不玩，過一段時間後，價又走低了一大段，又有人覺得股價又便宜了一些，覺得有機可乘，因而進場，由於絕對低點 2485 還沒到，又被修理了，只好又失望出場，時間久了，越來越多投資人驚覺到，怎麼進場怎麼賠時，乾脆放棄操作，成交量當然變少了，請問：這是價先行？還是量先行呢？

多頭市場的價量關係

看過了空頭市場的價量關係後，再看看多頭的價量關係。

請看圖【B2】：

3955 是 9309（97 年 5 月 20 日）走空以來至今（98 年 9 月 15 日）的絕對低點，也就是所謂的底部。

　　圖中顯示，從 3955 到 7507，行情一共上漲 3552 點，漲幅 89.8%，這是個無可置疑的多頭行情，在 7084（98 年 6 月 2 日）之前，技術面顯示，是個價量齊揚的局面，請問：

　　投資人是因為量放大，才進場買股票？

　　或是因為看到價上揚，有利可圖才進場呢？

　　還是老問題，究竟是：

　　⑴量比價先行？還是⑵價比量先行呢？

　　如果是⑴的話，為何 7507（98 年 9 月 10 日）明明高於 7185（98 年 7 月 29 日），而單日量只有 1622 億，反而比 7185 的 1623 還少一億？同樣的，7185 高於 7084，而量卻少於它的 2328 億？再往前看 7084 的量，又少於 6628 時的 2438 億？

　　這些事實印證了一點：

　　投資人是因為價上漲，有利可圖，才進場買股票，不是因為量放大，才進場買股的。結

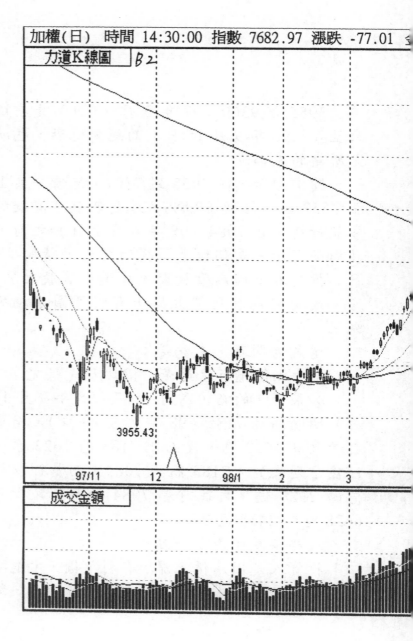

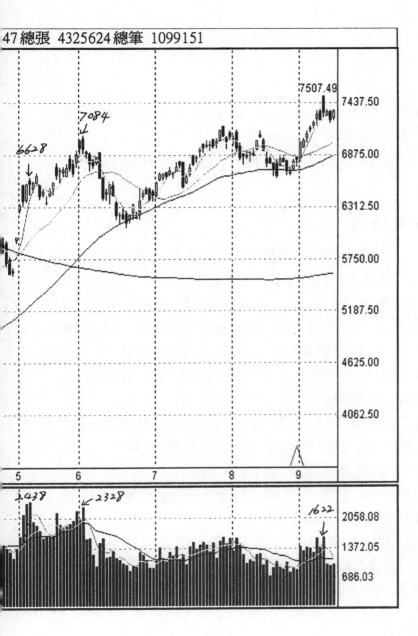

論是：價比量先行，而非量比價先行，有價才有量，而非有量就有價。

解決了價量關係後，下面的問題就很清楚了。

長黑做頭

量大做頭？還是價漲不去或長黑做頭？

請看圖【B3】：

圖中 9309 是頭部，相信沒人不同意，因為它是 3955 的起跌點，跌幅 57.5%，這種跌法，證明了 9309 確是個結結實實的頭部。然而：頭部的 9309，量不過 1785 億，非頭部的 9194 與 9049，量卻反而大得多？分別是 2395 億 2714 億？更扯的是，這二個大量日之後的三天，也沒有更大量，但還不是頭部？

不是說，量大做頭嗎？

這個事實告訴我們：決定頭部的第一關鍵在於價本身，其次才是量。

以 9309 而言，當天價收了根 226 點的長黑（2.42%），這是因為大戶站在賣方造成的結果。

既是大户站在賣方，爲什麼量又這麼小？因爲大户籌碼太多，一天是賣不完的，如果硬幹的話，會形成超大長黑，一旦把散户嚇壞了，跟著搶賣，大户就跑不掉。所以，只好分批向下賣，因而形成了空頭走勢。

　　不僅 9309 是這樣，9859(96 年 10 月 30 日)一復如此，讀者們不妨自行檢視。

　　大盤是這樣，那個股呢？

　　如出一轍！

　　請看【B4】農林日 K 線圖：

　　農林於 96 年 6 月 8 日自 7.71 元起漲，至同年 7 月 9 日狂飆至 34.8 元，整整一個月内，大漲 351%，從技術面看，34.8 元絕對是頭部，但當天的量卻只有 38736 張，而先前的 16.25 元，反而是最大量的 137486 張，是眞正的頭部量，也是最大量，卻不是價的頭部。

　　若依量大做頭的理論，16.25 元就應賣出，這一來，可能損失 18.55 元的價差，這就是起漲點 7.71 元的 240%。若不但賣出，還反手放空呢？就算是買在 7.71 元，不但賺的還不夠賠，還得倒貼一大筆呢！量大做頭！您說呢？

加權(日) 時間 14:30:00 指數 7682.97 漲跌 -77.01 金

力道K線圖　B3

9049　9194　9309.95

97/2　3　4　5　6　7

成交金額　2714　2395　1785

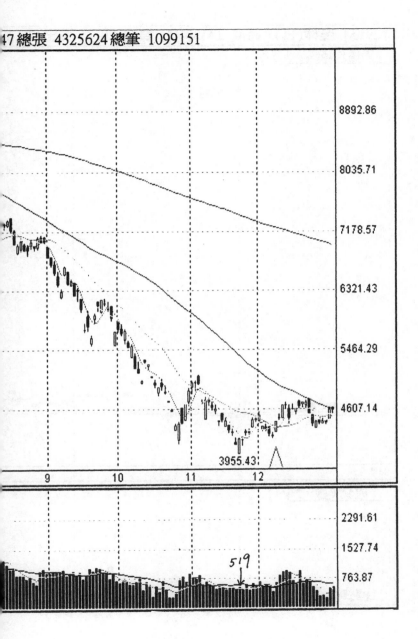

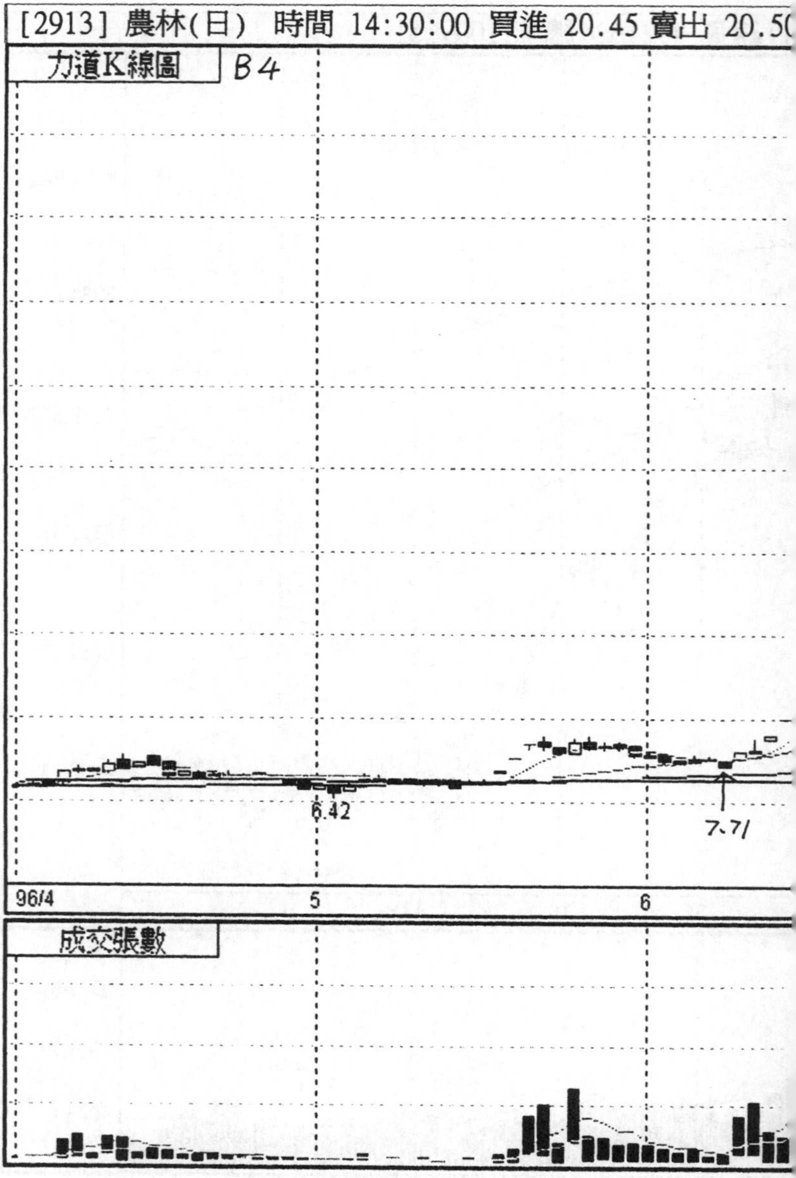
[2913] 農林(日) 時間 14:30:00 買進 20.45 賣出 20.50
力道K線圖
B4
6.42
7.71
96/4
5
6
成交張數

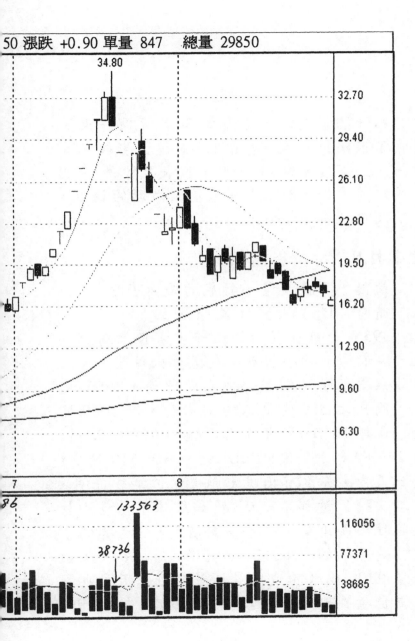

50 漲跌 +0.90 單量 847　總量 29850

34.80

32.70

29.40

26.10

22.80

19.50

12.90

9.60

6.30

7　　8

86

133563

38736

116056

77371

38685

為什麼會這樣？是因為 34.8 元哪一天，價收了根跌停長黑。事實上，若連上影線也算的話，上下震幅超過 13%，價長黑才是 34.8 元成頭的原因，而不是量，量大做頭的論點，又不攻自破矣！

量小打底？

最後，再檢視量小打底的是與否？

請看【B5】大盤日 K 線圖：

3955 是無可置疑的底部，當日量為 519 億，按市場上量小打底，最低量出現後，三天內若無更低量，則底部成立的理論，3955 之前，應無比 519 億更低的量才是，但 5069 那天（10 月 16 日）的量是 287 億，4579 那天（10 月 24 日）為 257 億，都比 3955 那天 519 億少，且三天內，都沒有出現更低量，但事後證明，這二次的低量都不是底部，如果依市場量小打底的理論而進場，會有多少損失，自己算吧！

更可怕的是 6917（8 月 26 日）那天，出現了 9309 以來的波段最低量，且三天內也沒有更低量，若於此時進場，造成的損失是 2962

點（6917-3955=2962），已足以讓人斷頭了！現在你還敢依量大做頭，量小打底的原則操作嗎？

　　個股方面，就不在這裡多說了，讀者們自行檢視就行了！

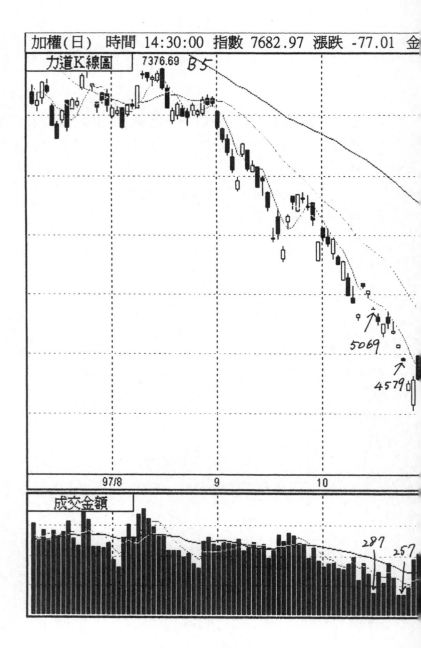

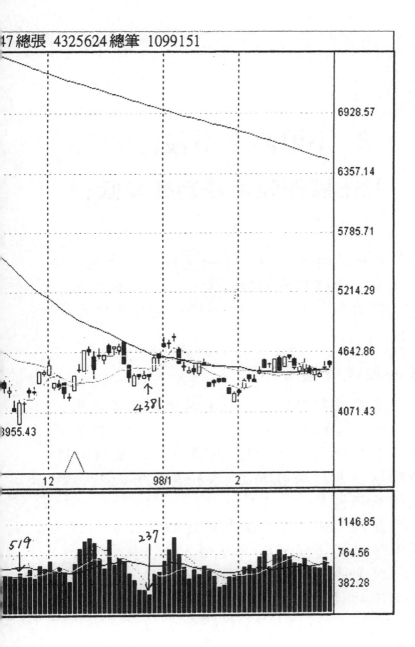

6928.57

6357.14

5785.71

5214.29

4642.86

4071.43

3955.43

4381

12   98/1   2

1146.85

764.56

382.28

519

237

3 不追高？不殺低？

─股市操作就是要追高殺低─

當行情要轉多時，價一定以上漲表態。

當行情確定多頭時，價一定以大漲表態。

當個股要走多頭波時，價一定在盤中走高表態。

漲停板代表強勢

當飆股要起動時，一定以強勢漲停表態。

就上述標準來看，想在多頭行情中獲利，只有在行情上漲時才行。想買讓人在最短時間內賺取最大利潤的方法，只有買技術面極佳個股的漲停板。

然而，漲停板是法令規定的當日最高價，買嘛？追高！不買嘛？可惜！

這似乎是個難解的習題！

不妨換個角度思考。以個股而言，會在盤

中走高攻漲停的個股，雖然價高（當天），卻也表示了強勢，多頭市場中，想快速賺到錢，就是買強勢股，既然如此，爲什麼不追呢？

買漲停是追高，更是擇強

請看圖【C1】士紙日 K 線圖：

士紙（1903）是 3955 走多以來的強勢股之一。它在 98 年三月上旬起動，從約 20 元附近大漲至六月上旬的 95.2 元，漲幅四倍多，很明顯地，是一檔能讓人快速獲暴利的個股。

它的漲勢共分三波，漲幅較大的是四月下旬及五月下旬，圖中★所指處處即是漲勢發動處。二者共同的特性，都是漲停板。漲停板是法定的當日最高價，這時去追漲停絕對是追高，但由於今日強勢的延續，明天很可能又漲停，相對於明天的漲停，今天的漲停成了明天的平盤，不但不高，還低呢！

如果見強即進（追高），第一波的獲利是 54.3%（(51.7－33.5)÷33.5＝54.3%），第二波則是 89.8%（(92.5－50.3)÷50.3＝89.8%），該不該追高（買強勢股）就很清楚了！

力道K線圖　C 1

18.50

98/3　　　　　　　　4

成交張數

95

弱勢時就該殺底

再來看殺低的問題。

請看圖【C2】飛信日 K 線圖：

97 年 5 月 20 日，大盤從 9309 開始下挫，進入了空頭市場，當日飛信價格為 16.85 元，在大盤走弱的牽制下，飛信也順勢向下調整。調整的訊號，就是向下走低，而且越走越低，這種時候，若不殺低認小賠砍的結果，只有萬劫不復可以形容，股價打了幾乎一折，這種跌法，沒人受得了！

事實上，多頭追高，尤其第一根漲停，是擇強；空頭殺低，是「壯志斷腕」。都是正確的操作，前者獲利高，後者損失小。

盤整時才不追高殺低

不追高，只適用於空頭，因為必套。

不殺低，只適用於多頭，因很快能解套。

兩者都不適用的時機，只有盤整行情。

因為盤整時，價上不去也下不來，追高無利，殺低不宜。但最聰明的做法，則是出場不

玩，否則，只是白忙而已。

　　還有一種極不宜追高的個股，就是已確定的無量飆升股。這種股，一起動就得進場，否則，正常買不到，買到不正常。如果第三根漲停內，還買不到，最好放棄，以免後患。

　　請看【C3】正華日K線圖：

　　正華自9.9元起漲，20個營業日內，噴出至33.5元，狂飆了238%，請注意，其走勢都是開盤跳空，若連掛市價三天都買不到，最好放棄，除非事先知道它要連飆17根漲停，但誰又有把握呢？如果硬不信邪呢！很可能買在33.5元，最後又跌至11元，夠慘了！

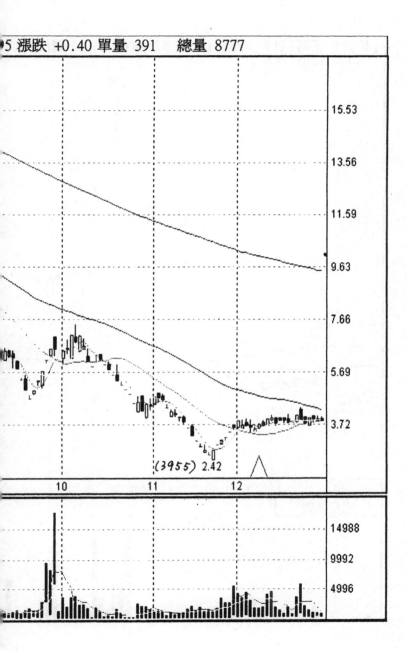

(3955) 2.42

99

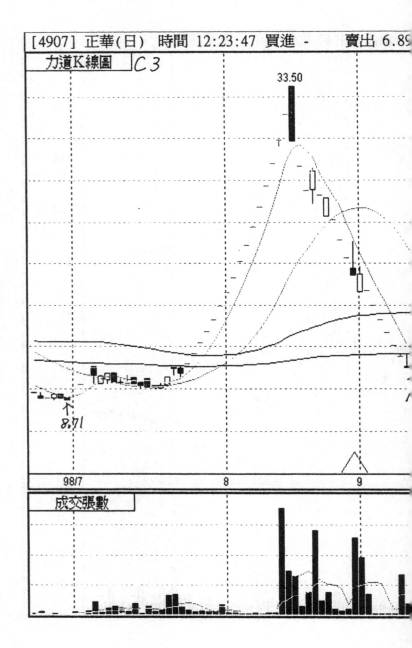

32.70

29.40

26.10

22.80

19.50

16.20

12.90

9.60

6.30

5.83

10   11

2095

1397

698

4 逢低布局？

—如果還有更低，
局還沒有布成就先掛了—

因爲有了前面「不追高」的說法，於是衍生出「逢低佈局」的操作原則。

這話表面上聽起來有道理，實際上危機重重，怎麼說呢？

價的三種趨勢

股價走勢共有三種特性，也就是俗稱的趨勢：

一、向上趨勢，也就是多頭行情。

二、向下趨勢，也就是空頭行情。

三、橫向趨勢，也就是盤整行情。

趨勢一旦形成，就不會輕易改變。

以多頭趨勢而言，一旦行情起動，就好像急馳的列車，不是說停就停的。資深的投資人

都知道，台股在民國 76 年時，指數破千點。四年後，大漲至 12682 歷史天價。四年內大漲了 12 倍，大盤漲 12 倍，這可是不得了了不得的事，狂飆股因而此起彼落，不亦樂乎。

多頭趨勢是這樣，空頭趨勢也是一樣，一旦空頭來臨，也是「大江東流擋不住」。12682之後，八個月之內就大跌了一萬多點，把過去二年多的漲幅全跌光，就是明證。

逢低布局，一定是指空頭市場，或至少指下跌走勢而言，否則哪有「低」讓人布？

現在，問題來了！

空頭中不宜逢低布局

既然是空頭行情，價就會不斷走低，頻創新低，在這種情況下，去「逢低」「布局」，因為低還有低、更低…，肯定一布就套，套了就會賠，買股票就是希望價走高賺錢，一進門就向下遠離成本，這樣做好嗎？對嗎？

不僅有「逢低布局」之說，還有更扯的——大跌大買，小跌小買；造成的結果，則是——大買大賠，小買小賠，這樣做受的了

103

嗎？

　　逢低布局只有在一個原則下適當，那就是逢絕對低點買進。問題是，若能預知絕對低點，就設定好一次全押就行了，何必先苦再求甘？逢的意思就是碰、碰到，字本身就有不確定的意思，既然不確定，為什麼下這種贏面極小輸面極大的賭注呢？

　　請看圖 D1 大盤日 K 線圖：

　　12682 到 2485 是台股有史以來最恐怖的空頭行情，八個月之內大跌了 10197 點，但即使是這麼悲慘的空頭市場，中間也會有反彈。圖中 ★ 所指處都是每波反彈的起點（低點）。除非能在每波低點承接，反彈高點出，否則，這波空頭走勢中，任何一個點進場，都不適宜，都註定大賠。

　　然而，若能準確地預測每個反彈低點布局，為什麼不在 2485 一次全押呢？2485 的底部出現後，可是大反彈至 6365（80 年 5 月 10 日），幹嘛那麼辛苦，那麼冒險地逢低承接呢？

轉強再進場

絕對低逢不到，所以不能買，那該怎麼辦？

答案是：轉強進場。

什麼是轉強？

價收盤後，站上前波高點。

請看圖【D2】大盤日 K 線圖：

9309(97 年 5 月 20 日)的空頭啓動之後，一直殺到 3955（97 年 11 月 21 日）才止住，此後未再創新低。3955 之後，一共出現了三個買點：

(1)4658（12 月 10 日），當日收盤突破了前波高點 4567，但第二天強勢未能持續，最壞的情況是，認賠殺在 4401，賠了 257 點，但機率極小。

(2)4817（98 年 1 月 7 日），當日收盤突破了前波高點 4750，但同樣的，第二天又洩了底，只好又認賠殺在 4532，賠了 285 點，但同樣的機率極小。

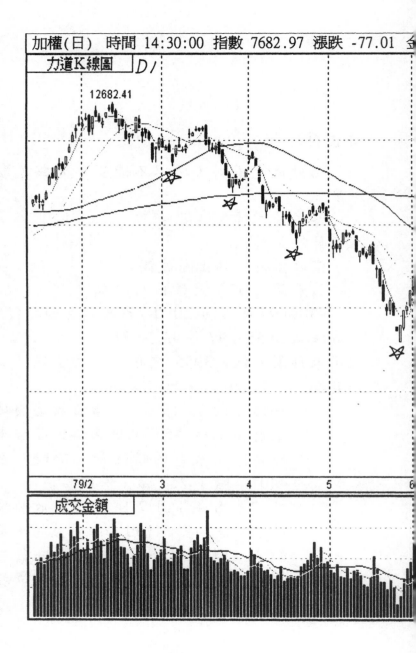

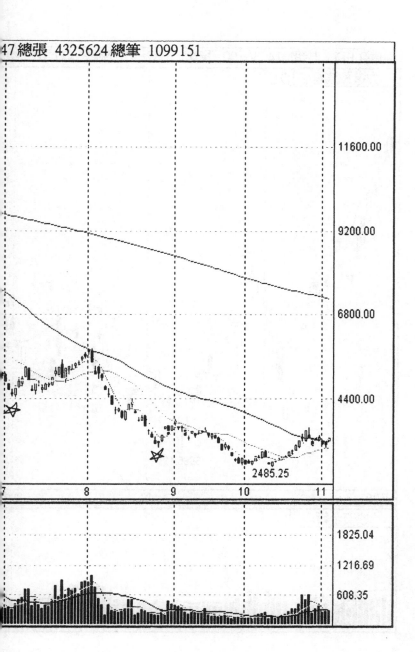

加權(日)　時間 14:30:00　指數 7682.97　漲跌 -77.01　金

力道K線圖　D2

5095

4750

4567

4658

4401

3955.43

97/10　　　11　　　12　　　98/1

成交金額

⑶4923（98 年 3 月 23 日），當日收盤
突破了前波最高 4817。行情從此走
高，一直到 7084（98 年 6 月 2 日），
才出現了較大的回檔，最多可賺到
2161 點。

⑷加碼點在 5124（98 年 3 月 23 日），
因為又突破了更前波高點 5095（97
年 11 月 5 日），又更進一步確認了多
頭行情，自然要加注了。

前兩波的假突破讓人最多賠 452 點，但比
起 9309 到 3955 間，共跌了 5354 點，還是好
多了，當然，反應快的人可以把損失壓低在
100 點以下（第二天開盤不強即出）。

投資人不妨把上述二種方式──逢低買
進與轉強進場──做個比較，究竟哪一種操作
方式較安全，較容易獲利？等下次空頭再來
時，就知道該如何應對了。

5 好股的迷思？

—管他黑貓白貓，會抓老鼠的才是好貓—

市場觀念中的好股票，不外宏達電、聯發科、鴻海、台塑、中鋼……等，這些個股的共同點是：本質佳、獲利高、形象好，成為法人、中實戶乃至多數人投資的優選。

然而，捫心自問，你買股票的目的，是為了長期當股東賺取股利？還是賺取股價上下波動的價差呢？

若是前者，那沒話說，只能奉上「恭喜發財」的祝福。的確，這些個股，抱久了，確實能讓人賺到錢。

績優股不易飆

如果是後者呢？

勸你把上述股票忘掉，因為這些股票的技

術線型都不好，通常不易迅速大漲。

請看下面【E1】台塑(1301)日 K 線圖：

台塑是經營之神王永慶先生創辦的，王先生的形象、經營能力，是國內企業界中前段班的前段班，想當長期股東，買它決沒錯！但價差呢？可就不怎麼樣了！

在大盤從 3955 到 7507 走多的這段期間，台塑不過從 41.4 元漲至 65.8 元，漲幅 58.2%，比大盤的 89.8%還少。

為什麼會這樣？

因為這種好股，很多人都想買，很多人都會買，浮額極多，主力不願介入；且因股本大，主力無力介入，自然不易大漲了。

論獲利能力，台塑在股市裡，只能算一般股的前段班。不妨看看前段班中的前段班宏達電（2498）（參看圖 E2）。宏達電雖是股市獲利冠軍，但股價表現實在不怎麼樣，以 3955 到 7507（98 年 9 月 10 日）這波多頭攻勢而言，股價也不過從 256 元漲至 543 元，漲幅不過 112%，只比大盤 89.8%多一點點而已。不僅如此，大盤的 7507 高點還沒到，它

就提早在 7033 時就到頂了，而且，就技術面來看，根本看得到吃不到（價漲漲跌跌，走勢不穩定），並不好操作。

說了半天，到底什麼是好股票呢？好股票必須具備二個重要的條件：

一、與大盤同步

大盤走多，它跟著漲；大盤走空，它跟著跌，多空進出之間，才有個依據，也才好操作。

大盤的 9807（96 年 7 月 26 日）高點是 3955 之前，最近的一波多頭行情。起漲點是 95 年 7 月 17 日的 6232，漲幅雖只有 57.3%，但已夠農林（2913）、美德醫（9103）大漲個四、五倍了。

請看圖【E3】大漢日 K 線圖：

大漢（5530）在這一期間內的走勢，顯示它對大盤的多頭行情，完全無動於衷。做多、做空都賺不到錢，因為對大盤走勢反應遲鈍，所以，這期間的大漢是壞股。

就大漢的標準來看，台塑與宏達電與大盤同步這個條件，也不過達成了一半而已，因為

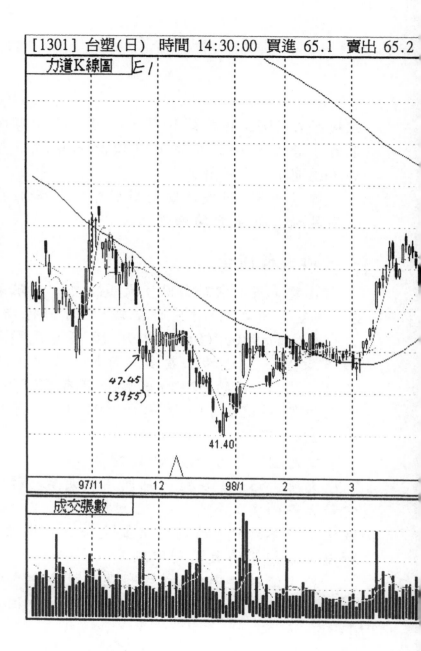

1 漲跌 -1.10 單量 611　　總量 9590

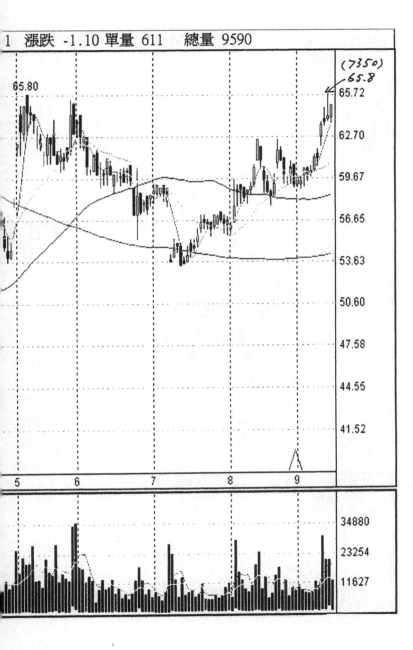

115

[2498] 宏達電(日)　時間 14:30:00 買進 368.0 賣出 36

力道K線圖　E 2

377.00

256.00
(3955)

97/10　　11　　12　　98/1　　2　　3　　4

成交張數

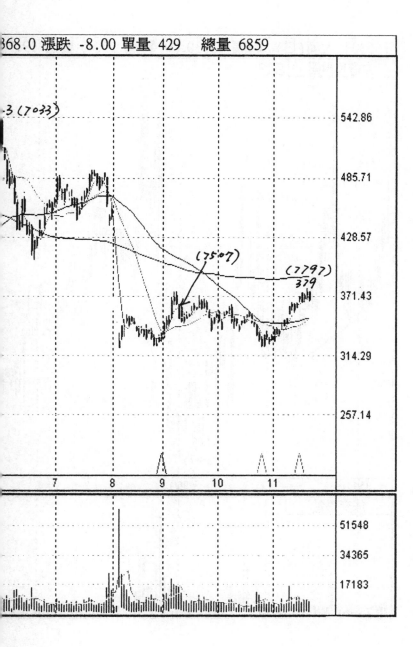

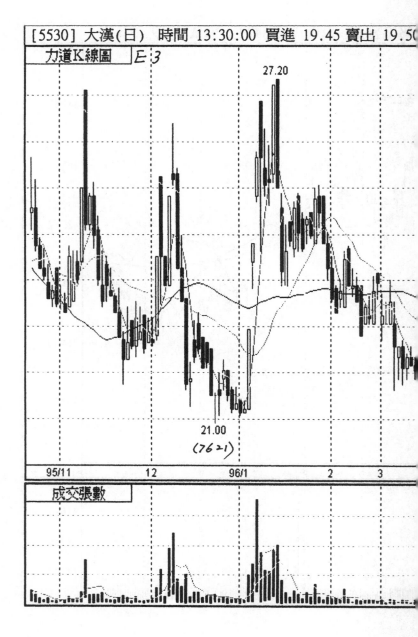

45 漲跌 -0.30 單量 7　　　總量 342

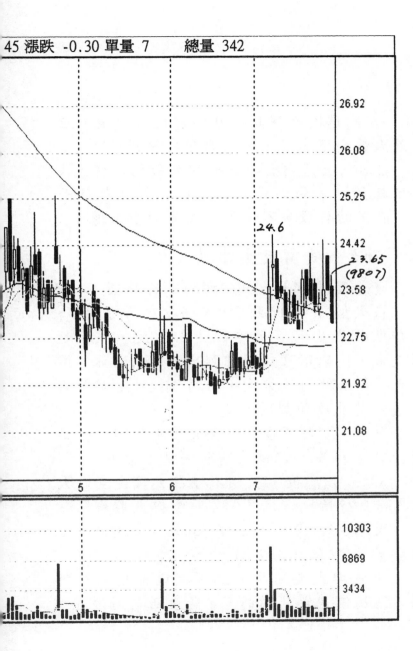

26.92

26.08

25.25

246

24.42

23.65
(9807)

23.58

22.75

21.92

21.08

5　　　　6　　　　7

10303

6869

3434

119

7507 高點還沒有到時，它們就提前到頂，並逆著大盤向下走了，不是嗎？完全正確。

　　然而，上述與大盤同步的好股的條件，只是消極的，能做到這點，只能算勉強及格而已，真正的好股，不但要與大盤同步，還要：

二、對大盤走勢反應強烈

　　請看圖【E4】皇翔(2545)日 K 線圖：

　　在大盤自 9309 到 3955 這段空頭行情中，皇翔也順勢從 92.5 元重挫至 8.83 元，跌幅超過九成，反應不可謂不強烈。因為跌夠深，價差大，如果做對了方向，利潤可觀，這就是對大盤走勢反應強烈的好處。

　　然而，皇翔不僅在大盤走空時大跌，一旦行情翻空為多，它的反應可一點不含糊。

　　3955 見底後，皇翔不僅在大盤走空時大跌，一旦行情翻空為多，又同步與大盤展開飆升，大漲至 77.7 元，漲幅 780%，反應強度是大盤的 8.76 倍（圖 E5）。

　　這種與大盤同步，上下震盪幅度大的特性，因為價差大利潤高，才是真正的好股票。

同樣的例子還有華上（6289），讀者們自行參考，這裡就不多說了。

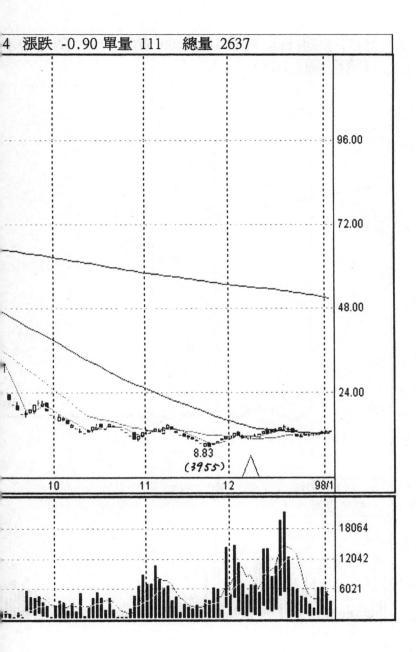

8.83
(3955)

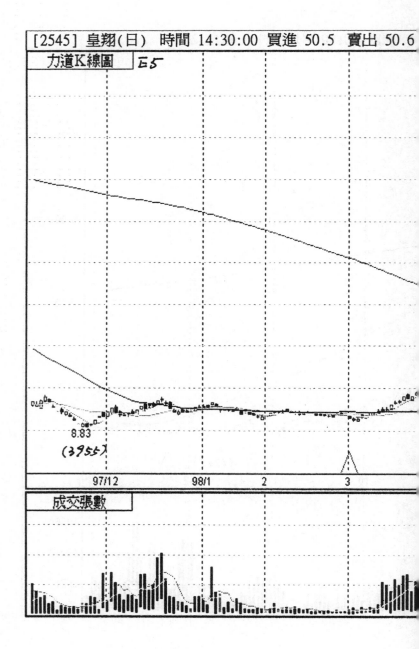

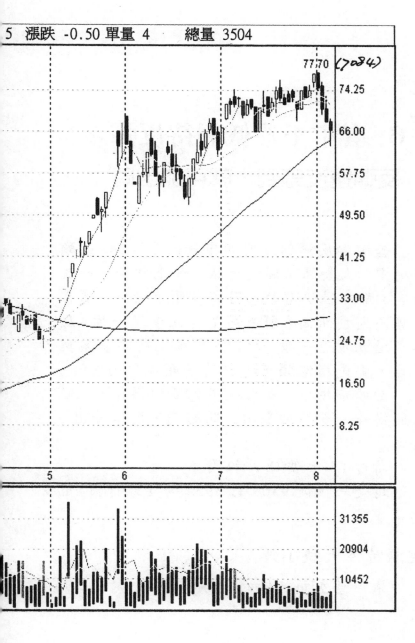

77.70 (7084)

74.25

66.00

57.75

49.50

41.25

33.00

24.75

16.50

8.25

5   6   7   8

31355

20904

10452

6 套牢不殺低靜待反彈？

─反彈還沒等到，就可能出局了─

　　套牢與反彈都是空頭市場的常見語。多頭市場中，大盤漲，個股大漲，如果被套，一般而言，都能很快解套。因為多頭市場中，通常價會不斷創新高，創新高是進五步退一步。反彈是退五步進一步。所以，市場上所謂套牢與反彈，都是指空頭市場中的多頭操作而言。

　　空頭市場中，本來就不應多頭操作，一旦多頭操作，多半會套牢，問題是，反彈再出，對嗎？好嗎？

　　請看 F1 大盤日 K 線圖：

　　這是一個從 9309 到 3955 的空頭行情，已無需多言。

空頭特性大跌小彈

　　請注意空頭行情的走勢特性，一定是：大

跌一段後，小反彈一點。

　　爲什麼空頭市場會有反彈？因爲股價經過一段跌幅後，就會因價格「便宜」而吸引買盤進場。問題是這只是相對便宜的價格，而非絕對便宜，吸引力並不大，參加的人並不多，買盤力道因而不強，彈幅當然不會大。而且一反彈，就會碰上解套賣壓，又把價格往下打，這也是空頭市場中股價之所以跌得多漲得少的原因。

　　現在回到實際面上來。

　　圖中的 A 區都是下跌，B 區則是反彈。

　　如果能在所有 A 的最低點買進，而在所有 B 的最高點賣出自然最理想，但這是「神仙級」的操作，根本不可能。抑有進者，若是神仙級，也不會套牢，更不必靜待反彈，直接賣最高買最低，不就結了！

　　去除這種可能性之後，只要是在 A 區買進，若要等到 B 區反彈再出，肯定都要大賠一段，因爲空頭市場的反彈，一定不過前高，何況還很難賣在反彈最高點，這樣的操作，似乎不怎麼對勁！

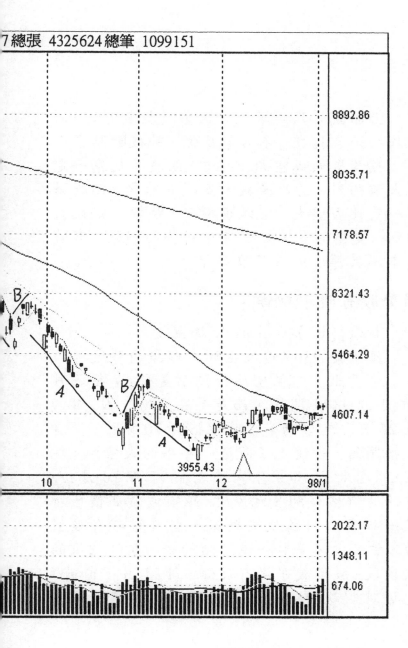

上面談的只是單純的大盤（指數），如果操作的是台指期，不必等反彈，早被斷頭了！

　　無論多頭或空頭市場中，個股的反應一定比大盤強烈。意思是說，多頭市場中，個股漲幅一定比大盤大，空頭市場中，跌幅一定比大盤深。更糟的是，有些特別弱勢的個股，有時根本不反彈，那該怎麼辦？

弱勢股有時不反彈

　　請看【F2】華上日K線圖：

　　華上是9309這波空頭中超級弱勢股。

　　事實上，它的空頭行情不是自97年5月20日的9309開始，而是早在9807（96年7月26日）就啓動。當時價格爲70.5元，從這價格開始，一連走了將近一年半的大空頭。現在，問題來了，如果不幸被套在97年10月初，當時的價格大約8元左右，距前波最高價已打了一折多，因爲跌幅夠深，對買盤確有吸引力，被套並不奇怪，但麻煩的是，在這個價的末跌段，股價幾乎沒有反彈，到11月下旬前，連連跳空跌停，就算想不殺低，靜待反彈再

出，根本沒機會啊！

強勢反彈股難操作

運氣好的話，也許可以碰上極少數強彈股，但能掌握反彈最高點嗎？中間不會被洗下車嗎？恐怕不怎麼樂觀！

請看圖【F3】捷超日K線圖：

3955（97 年 11 月 21 日）的底部出現之前，捷超提前在 10 月 17 日展開反彈，且彈幅高達 150%，似乎符合「不殺低，靜待反彈」的操作原則？問題是，反彈過程中，出現過好幾次巨量長黑棒，很可能半路就被洗掉了。不僅如此，反彈過程中，大盤還在走空頭，周圍都是大跌股，想抱牢多單？恐怕也心驚膽戰啊！

吃這個也癢！吃那個也癢！計將安出？

空頭中套牢快認小賠砍

在空頭市場中，根本不該做多，萬一不小心做多被套，表示上錯了車，既然上錯車，只有趕緊下車，以免越走越遠，越回不了家。

131

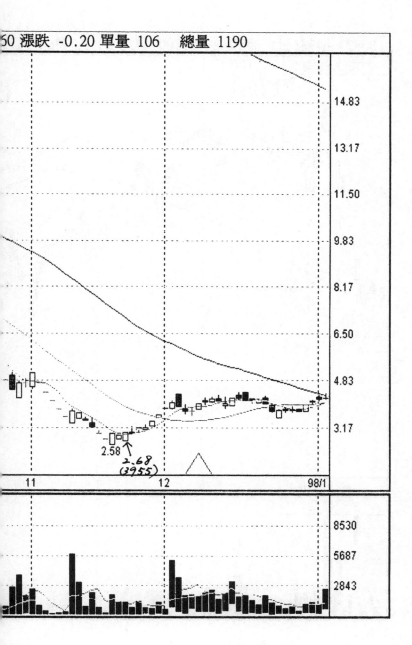

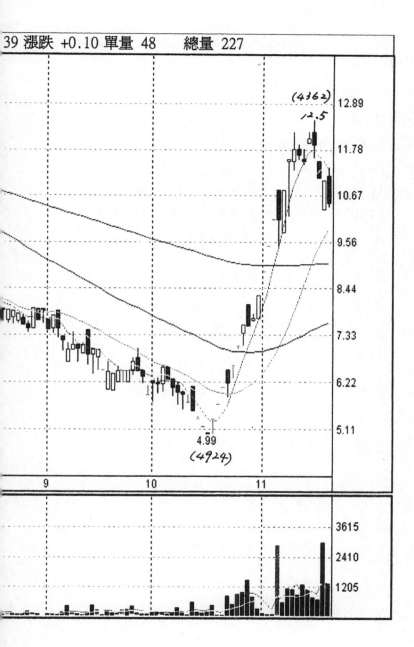

做法是：

一、立刻反手認賠小砍。

二、若實在砍不下手，請先設好上限 7% 的停損，一過即出，以免跌幅大至 17%、37%，乃至 87%，只要留得青山在，是不怕沒柴燒的。

7 行情是可以預測的？

——隨意預測行情，會錯失大多頭，
死於大空頭——

　　股票市場是個「以金錢爲標的的群眾心理運動」。因爲以金錢爲標的，其中交雜著貪婪與恐懼；參與的人多，且又是烏合之眾，很難捉摸其心理變化，所以，只要一點點消息面的因素，就會引起價的大波動，股市難爲，原因在此。

　　就因爲股市是一個極敏感的市場，而影響其價格變化的因素又多又複雜，所以，它絕非只是數字，也不是數字問題。因此，儘管其中蘊含著最大的財富，吸引無數人投入爭戰，其中不乏智能超卓之士，但從來沒有人能設計出一套能自在悠游於其中的公式來。

　　股市既然不可能套用公式，其不可預測

性，也就可想而知了！

　　華爾街是歷史最悠久，規模最大的股市，許久許久以來，他就流傳著一句名言：

　　能預知股價三日漲跌者，可為世界首富。

　　就現實面來看，的確如此。

　　世界股市第一好手巴菲特，號稱股神，他之所以被冠上這個尊號，是因為他是有史以來，純以操作股票，獲利最多的人。

　　既如此，金融海嘯一來，巴菲特一定也是「股市諸葛亮」囉！但事實證明，他並沒有預測行情的本事，否則也不會大賠 250 億美元了！

　　巴菲特做不到的事，一般人更做不到，否則股神這個名字，早換人了！

　　台股是世界上波動幅度最大的市場之一。如果行情是可以預測的，則台灣早在二十年前就產生無數個「比爾蓋茲」了！

　　12682 的歷史高點是從 600 點漲上來的。

　　2485 是從 12682 跌下來的。

　　二者的漲與跌都超過了萬點，這麼大的價差，對神仙而言，其中隱含的，不只是千億，

而是幾兆的財富！但台灣並沒有因此出現兆
級富翁啊！

　　預測行情，不僅是「不可能的任務」，根
本是「天方夜譚」！

8 指標可以判斷多空？

─分身絕不可能掌控本尊─

　　股票操作就是預測股價未來可能的多空漲跌。所以買對了價，賣對了價，才會賺錢，反之則賠。

　　就這個意義來看，我們是否應該把重點放在價的運動性方面，其他的，理應都是枝微末節的問題才是。

　　然而，為了預測價的可能走向，各種指標紛紛出籠，然而，所有指標大都是根據價量尤其價的變化產生的，就二者的關係而言。

　　價量是本尊，指標是分身。

　　論法力，本尊一定遠強於分身，既如此，為什麼捨本尊而拜分身呢？

　　價量是先知先覺，指標是後知後覺。天下沒有拜後知後覺為師，而又能成先知先覺的，

在邏輯上根本不通。

再舉一個最具體的例子：

當一個人胃部出了問題後，一定產生各種不同的生理反應。對醫生而言，想把病治好，不僅是問症狀，而是直接照胃鏡，是胃發炎或胃潰瘍甚至胃癌，馬上一目了然，該怎麼處理，就清楚了。

對醫生而言，症狀只是參考，真正的判斷依據就是照胃鏡。股市也一樣，真正能幫我們推測價的可能走向的，也是價，指標充其量也只是參考而已！

所有的股票軟體都附有幾十種各式各樣的指標，如果指標真能判斷未來多空，這世界就不會有窮人，而是滿街富翁了！

但可能嗎？

買賺錢股的三大條件

　　根據統計，投資人操作股票，十人九輸，贏家只有一個甚至不到。為什麼輸的比例這麼高？原因很多，這裡不暇詳論，但最重要，最關鍵的一點，則是：逆大盤之勢而為。

不要向財神爺嗆聲

　　以 9309（97 年 5 月 20 日）到 3955（97 年 11 月 21 日）這個大空頭市場為例，短短半年間，股價（指數）打了 4.25 折。大盤走勢這麼糟，絕大多數個股則更慘，總平均價格至少都打到 3 折或以下。業績冠軍的宏達電（2498），從 884 元殺到 256 元，股價打了 29 折。亞軍的聯發科（2454）稍好一些，但也打了 42 折（426↓177），但也是大跌。

　　績優股都成了這副模樣，等而下之的，只能以慘不忍睹來形容了！打 2 折的頗不乏

人，力晶（5346）、矽創（8016）、飛信（3063）、3046（建碁）……，甚至1折或以下的，更所在多有，捷泰（6165）、伍豐（8076）、華上（6289）、皇翔（2545）……都是。

圖 A 說明：

行情之所以會漲，是因為大戶（對大盤有相當影響力的有錢人）站在多方。

反之，若大戶站在空方，行情就走空了。行情一旦走空，由於多數資金不是不進場，就是根本退場，個股不但因此漲不了，還反向下跌。這時候進場做多，不被修理才怪！

再換個角度來看，大戶與散戶之間的關係，就像牧羊犬與綿羊，當牧羊犬都打烊回家了，若綿羊還在野外遊蕩，最後的結果，一定是變成「羊排」。

這些例子告訴我們一點：覆巢之下無完卵。

任何個股，不管業績有多好，一旦大盤走空，也不可能自外於大趨勢而獨行其是。

不僅現實面如此，從技術面來看，歷史經驗顯示了一點，在所有空頭行情中，都不會有

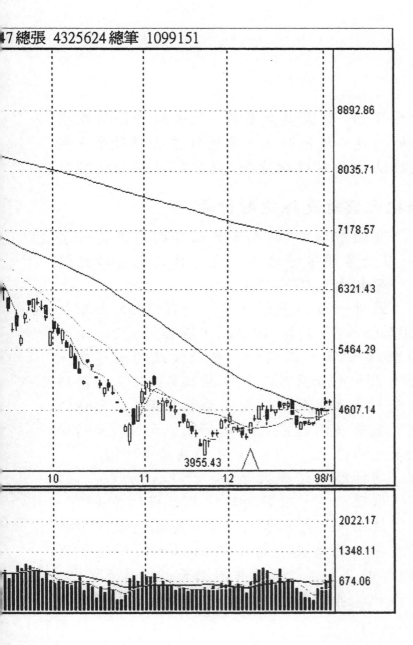

適當買點。當大盤走空時，代表財神爺站在空頭那一邊。這種時機，若還伸手去接股票，就是擺明了向財神爺嗆聲，還會有好果子吃嗎？

擁抱大盤就是擁抱財神爺

空頭市場中，站在多方操作的結果是這麼慘，若是多頭市場站在多方操作又怎麼樣呢？

那就大大不同了！

最近一波的多頭行情，是從 3955 上漲至 7507（98 年 9 月 10 日），漲點 3552，漲幅 89.8%。但同一期間內，先前大跌的宏達電，則從 256 元漲至 543 元，漲幅 112%。聯發科則從 177 元漲至 532 元，漲幅 200%。更妙的是，先前跌的最慘之一的華上（6289），則從 2.58 元狂漲至 14.7 元，漲幅高達 470%。

為什麼差這麼大？

原因無它，在對的時間做了對的事而已。

然而，上述大漲股，都不是我們心目中的好股票，因為走勢都不夠俐落，你可能買得到，但抱不住。它們的共同點是：上漲過程中，動不動就來根長黑棒，或被大盤震盪拖累，沒

事就來個大回檔，讓人膽戰心驚，往往中途就被洗掉了。但僅管如此，仍讓我們覺得，在多頭市場中順勢作多，遠比在空頭市場中逆勢作多，不但輕鬆，也更容易賺錢得多，這就是擁抱大盤的好處！

　　這裡要提醒讀者的一點，3955 的低點出現之後，在 4817（98 年 1 月 7 日）還沒突破之前，都沒有安全的買點。行情一直要到 98 年 3 月 13 日才確認多頭起動，當日收盤 4897，雖然距 3955 的底部已經漲了 942 點，但這根中紅棒卻顯示了二個重要意義：

　　1.消極上，它確認了 3955 的底部。

　　2.積極上，它宣示了一波多頭的來臨。

　　大盤走多頭之後，個股又是個什麼現象呢？除了極少數如益通（3452）曜越（3540）……等不漲反跌股外，絕大多數個股漲幅都比大盤的 89.8%（3955.7507）大，超級大牛股如聯電（2303）漲了 150%，鴻海（2317）也漲了 148%。大型牛皮股都漲了，一些低價、活潑的小型股，也就毫不客氣地順勢藉勢大飆特飆起來，而最兇悍者，其漲勢之

猛，漲幅之大，絕對讓你大吐舌頭。

這裡簡單地做了點小檢視，在 3955 到 7507 這波多頭中，漲幅超過 400％以上者，至少 30 餘檔，其中：華宏（8240）漲了 500％、遠雄（5522）600％、天剛（5310）620％、亞昕（5213）750％、合機（1618）798％、皇翔（2545）870％。

哇！大盤漲 89.8％，居然有個股可以比大盤強 10 倍！但這都不算什麼，下面這四檔，才真教人忍不住驚呼連連呢！

圖 B 說明：

大盤從 3955 漲到 7507，漲幅不過 89.8％，雖不算特別大，但總是個多頭走勢。

在行情走多的保護及掩護下，絕大多數個股漲幅都超過了九成以上，雖然比大盤強勢一些，但這都還只是「後段班」，「前段班」的漲幅則有 400％以上，這種股有三十餘檔。但「前段班的前段班」，漲幅則在十倍以上。總冠軍則毫不客氣地狂飆了 22.5 倍，除了其本身的技術條件外，最重要的一點是，大盤走多。

宇峻（3546）整整漲了 1170％。

冠華（8077）更狂飆了整整 1500%。

但這樣的漲幅還不夠拿冠亞軍，它們距冠亞軍還差得遠呢！亞軍的美嘉電（4415），漲幅近 20 倍，高達 1948%，而萬王之王叫昱泉（6169），從 7.46 元起動，一直狂噴至 168.5 元才打住，漲幅高達 22.58 倍，也就是 2258%！

再提醒一次，大盤在同一時間內，也不過只漲了 89.8%而已！更重要的一點是，這種大漲股、超級大飆股，絕絕對對只有在大盤走多時才會出現，空頭或盤整行情，是絕對看不到這種百花齊放的榮景的！

看到這裡，讀者一定會問：就算在多頭行情，要怎樣才能知道什麼股不會漲，不宜買；什麼股可能會漲、可能大漲而買進的時間點又在哪裡呢？

技術面的好壞決定未來多空

這是個好問題，而答案就在技術線型上。個股的技術面，就好像一個人一生的行事紀錄，讓人很快可以判斷出是「好人」？還是「壞人」？是壞人，當然敬而遠之，是好人就想辦

149

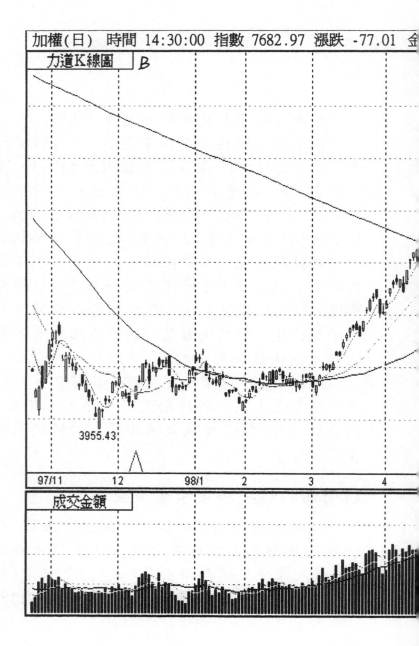

力道K線圖 B

3955.43

97/11 12 98/1 2 3 4

成交金額

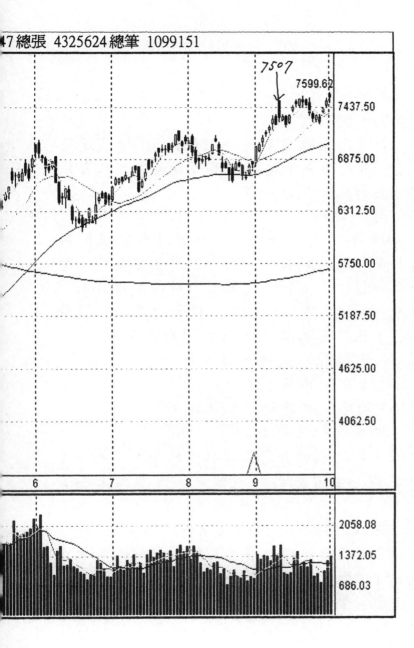

法和他交個朋友。

看技術面最重要的一個原因是：未來還沒發生，而我們又希望知道其可能走向，只有根據過去的經驗來推測了。

圖 C 說明：

98 年 7 月，今周刊《散戶選股密技》特刊「價開高與開低的解析與操作」拙文中，筆者明確指出，凌巨（8105）由於技術面不佳，將不易大漲。時隔三個月，它還是走的拖泥帶水的，很不容易操作，它的問題出在：

1.日 K 線紅黑棒交錯。

2.成交量棒長短不一。

3.均線經常處於混亂狀態。

造成的結果是：

相對於別的強勢股，漲少跌多，讓多方不願冒險，主力更因此不願介入，自然上不去了！

先談可能不會漲的個股技術線型：

1.大盤走多時不漲，大盤走空時也只是小跌，這種對大盤走勢反應遲鈍的個股不易漲。

2.大盤在多頭，其日 K 線一下紅棒、一下

黑棒，且頻頻留下上、下影線者，代表：

a.沒有主力在操作。

b.多數人都在跑短線，盤中有高就賣，有低就接，看短不看長，這種股當然沒有大行情。

3.有 b 的情況，其成交量棒定長短不一，代表該股浮額極多，持股人老處在不安狀態上，小賺就跑，小賠就逃，當然漲不上去了！

4.平均線排列混亂，平均線的正常（多頭）排列方式是，短均在最上，以此類推，最長均線在最下。若個股均線不依這個規律排列，尤其 5／10／20 三短中均線，代表它有均線壓力，將不易漲。

圖 D 說明：

買進股票的三大條件是：

1.大盤走多頭行情。

2.個股技術面佳。

3.個股盤中表現極強勢。

三者缺一不可，否則難漲、難大漲。巨虹（8084）在民國 98 年 7 月 17 日那天，開盤跳

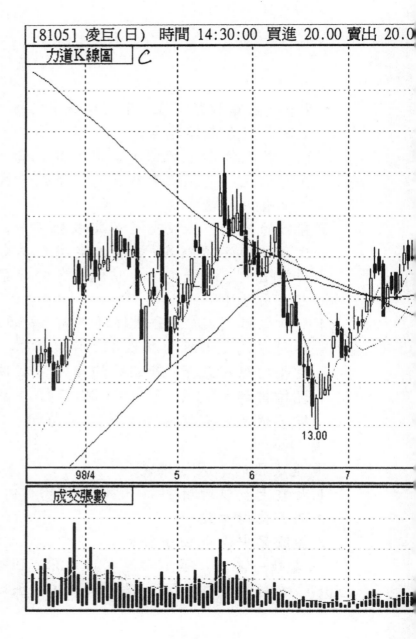

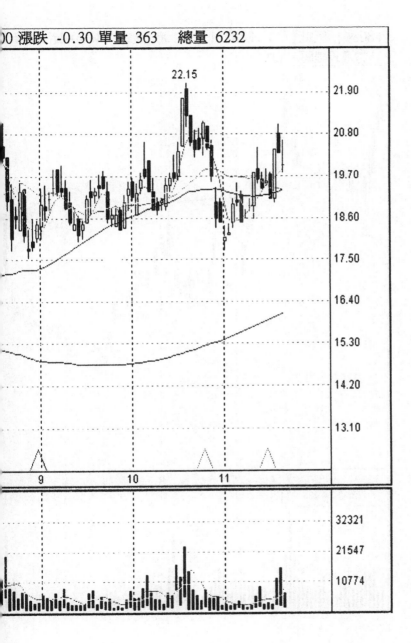

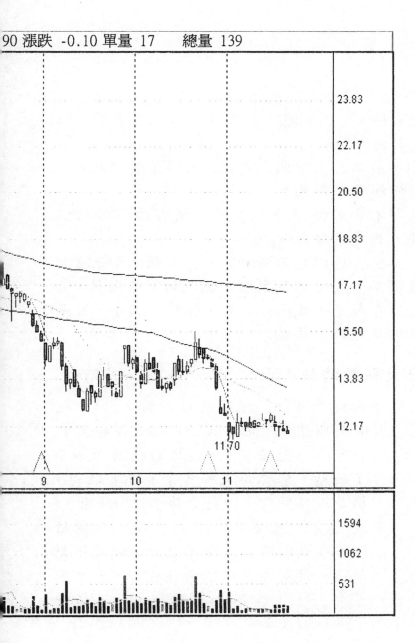

23.83

22.17

20.50

18.83

17.17

15.50

13.83

12.17

11.70

9　　　10　　　11

1594

1062

531

空漲停，一價到底，且當時行情也在多頭，但又如何？

第二天立即開高走低，又陷了盤跌局面。這個例子告訴我們：

不管客觀條件有多好，技術面不好的個股，就是不會漲。

把上述四種不易漲、不易大漲、只能隨大盤之勢浮沈的個股剔除之後，剩下的個股，大概不會超過一成，這一來，打擊面縮小，大漲股也就比較容易抓了。

會大漲股的技術面

下面就是可能大漲股的技術面：

1. 價長期穩定。從日 K 線上看，價格只在一定的小區間整理，這樣的技術面顯示了一點：想賣的人都賣了，留下來的，都是準備死守「四行倉庫」的「壯士」。

2. 成交量棒低矮整齊。表示沒人在搶短線，不管股價以後會怎麼走，就是不動如山，代表其籌碼已清洗乾淨，一旦股價向上，上檔不易有解套賣壓，這一

來，自然可能走勢輕盈，一飛衝天了。

3.5、10、20 三條短中均線匯集，表示多空力道已趨平衡，一旦出現了漲停長紅，就可能走一段噴出行情。股價技術面的問題非常複雜，其中有許多非常微妙的「眉眉角角」，決非三言兩語所能盡的。限於篇幅，筆者也只能點到為止，讀者們不妨就上述的論點多多思考、細細揣摩，必然能心領神會，手到擒來。

好了！如果大盤在多頭，個股的技術面又不錯，那進場點呢？

第一根強勢漲停就是買點

多頭市場中，飆股會此起彼落，像星海中有浮有沈，只要多頭行情不變，具有技術面優勢的可能飆股，隨時會起動。一旦起動，就得立刻以市價追進，免得望著急馳而去的飛車興嘆！而飆股起動的重要訊號，就是漲停板，而且是極強勢的漲停板。

漲停板大家都知道，問題是，什麼叫極強

勢的漲停板呢？答案是：

1. 比別人（其他個股）快速攻上漲停，尤其是第一根漲停。
   昨天走勢還溫溫吞吞的，今天很快的展現強勢，代表其慣性改變，主力以強勢漲停宣告做多，歡迎共襄盛舉。

2. 也許不是開盤後沒多久就攻上漲停，可能在中場甚至尾盤時，本來平和的走勢，忽然平地拔起，如沖天砲般地一口氣直奔漲停，這是主力介入的明顯訊號——多頭起動點！

3. 漲停後，價鎖死不動，表示沒人在漲停價調節搶短，波段漲勢來臨。

4. 大盤盤中震盪壓回時，價不動、量不出，以強勁走勢宣示做多的決心。

5. 漲停不但鎖死，還有大量的漲停掛進追價，最好是倍數，甚至 10 倍以上，這種走勢就是擺明了要走噴出了，就等著數鈔票吧！

圖 E 說明：

聯鈞（3450）挾著技術面的優勢，終於在

民國 98 年 7 月 14 日發動攻勢，開盤十分鐘，
就領先其它個股，率先攻抵漲停，雖然在 9
點 55 分打開，但十分鐘後又收起，自此鎖死
至終場。

　　第一天的盤中強勢，提供了更強大的多頭
動力。第二天更早早於 9 點 5 分鎖死漲停不
動，股價自此一飛沖天，在在短短二十四天
內，從 13.85 元分二波大漲至 35.4 元，漲幅高
達 155.6%，而且還有欲罷不能之勢，這就是
技術面優勢配合盤中強勢所造成的結果。

　　越能滿足上述三大強勢條件的個股，在
一、大盤走多；二、個股技術面佳的條件下，
越是好買點，越要追價進場。至於會漲到什麼
程度，不必擔心，盤面走勢和技術面就會說明
一切。

[3450] 聯鈞(5分)　時間 14:30:00 買進 41.20 賣出 41

短線法寶　E

跳空

跳空漲停

漲停

9:10分漲停

13:85

7/14　　15　　16　　17

成交張數

162

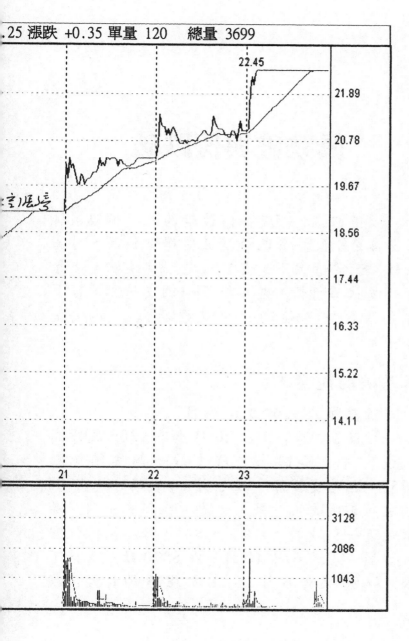

眞跌破與假跌破

　　股價回檔，距現在價最近的波段低點，稱
爲支撐。若收盤價低於這個支撐價位時，叫眞
跌破。正常情況下，價若出現了眞跌破，就會
有一波拉回行情，再尋找下一個支撐點，若下
個支撐再守不住的話，就會再跌，再找支
撐…。

真跌破的觀察

　　請看圖 A 大盤日 K 線圖：

　　行情在 97 年 5 月 20 日出現 9309 波段高
點後，即一路回挫，前波第一個波段低點
8754，也是支撐點，在 5 月 26 日時，以 8706
跌破。眞跌破的結果，就是再往下走一段，尋
求最近一個支撐 8419，但 8419 仍沒能抵抗空
頭力道，又於 6 月 10 日，以 8370 跌破。接下
來，7900 又於 6 月 23 日以 7876 的收盤價跌

破。請注意，7876 這天的技術面是收紅的，但沒用，就算是開低（7767）走高（盤中最高7916），由於收盤仍比 7900 低，支撐沒撐住，只好再向下走了！

連續三次真跌破，行情走空愈來愈確定，下一波的 7384 自然也守不住，價一連走了半年大空後，才在同年 11 月 21 日的 3955 止住，總共跌了 5354 點，這就是真跌破造成的效應。

個股真跌破的觀察

再請看圖 B 佳大日 K 線圖，就可知道真跌破後，空頭威力對價的殺傷力了！

圖中 69.2 元高點，是從 97 年 2 月 1 日的 7.2 元漲上來的，整整一年的時間，大漲了961%，爬得高就跌得重，這是股市經驗法則。

69.2 元出現之後，不但從此高點不再，而且在三天內大幅拉回至 48.6 元，跌幅近三成。

48.6 元短底出現後，行情進入了一個為期一個半月多的橫向整理。在 3 月底之前，一直守住 48.6 元不破。然而這種橫盤的結果，不是突破，就是跌破。最後向上走無力，只有向

165

總張 3385451 總筆 835470

9309.95

8900.00

8754

8706

8300.00

8370

7876

7700.00

7353

7100.00

6708.46

5   6   7

2291.61

1527.74

763.87

167

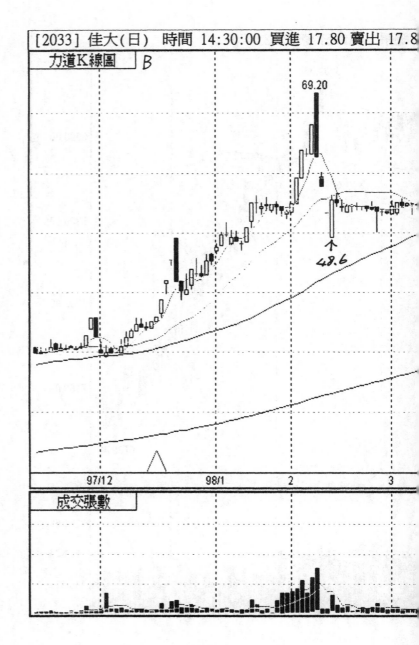

力道K線圖　B

69.20

↑
48.6

97/12　98/1　2　3

成交張數

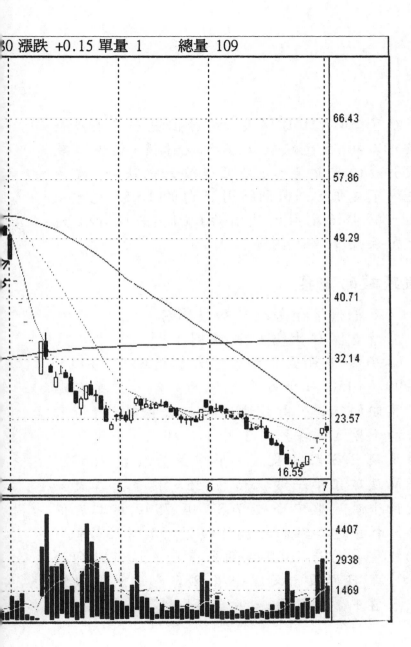

下跌了；4月1日那天，終於出現一根跌停長黑，以 46.35 元跌破 48.6 元支撐價，這個真跌破引發的賣壓是，先來個連續五根跌停，之後再向下走低，一直到 6 月下旬的 16.55 元才止住。以 48.6 元計，跌幅約 66%，若以 69.2 元計，跌幅 76%，夠慘了！

假跌破的觀察

不跑嗎？等著進「加護病房」吧！

請看圖 C 大盤日 K 線圖：

96 年 1 月至 2 月底，大盤出現了 7999、7990、7950 三個越來越低的高點，似乎有點三尊頭的味道，由於連二次無法突破，行情只好向下壓了，終於在 3 月 1 日那天，出現了一根下跌 223 點的長黑，盤中最低殺至 7663，瞬間跌破了第一波低點 7725，接下來二天，行情小跌，盤中小破 7637 與 7599 這二波低點，由於這二點的指數極接近，參考性較低，比較重要的是 7369 這個支撐點。這個點卻於 3 月 5 日那天，又以一根 285 點的大長黑跌破，盤中最低 7306，收 7344。

在正常情況下，連連跌破四個低點（支撐點），行情似乎應該走一波空頭，而且應該是大空了！

沒想到第二天不但沒有下跌、大跌，而且還開小高（7379），小壓回至 7349（仍不破底）後，隨即反攻，終場指數 7451，以中紅 106 點作收（圖中★所指那天）。

假跌破真穿頭

如果這只是短線大跌後的反彈而已，第二天即應下跌、大跌，迅速把這根紅棒吃掉才是。然而，行情並沒有這樣走，不但持續上漲，而且一路過關斬將，不但連連突破 7950、7990、7999 三個高點壓力，還一路爬升至9807，整整走了一波將近五個月的多頭行情。這個經驗告我們，假跌破就會真穿頭，投資人不妨多就這點深思。

再看看個股假跌破後造成的結果。

請看圖 D 天瀚日 K 線圖：

98 年 1 月 21 日，天瀚收在 4.33 元，盤中最低 4.31 元，正好跌破前一波低點 4.34 元。

總張 3385451 總筆 835470

173

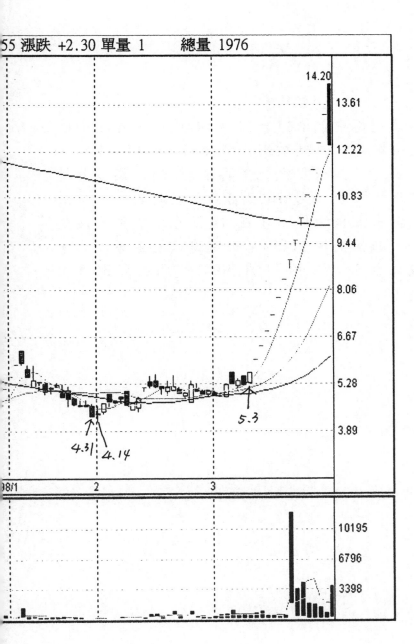

第二天盤中最低還來到 4.14 元，但終場卻收在 4.4 元，真跌破形成假跌破，4.34、4.31、4.34 這三個低點從此不再來,經過一個多月的整理後，於 3 月 10 日自 5.3 元起動，一口氣連拉十五根漲停，才在 14.2 元完成第一波攻勢，漲幅高達 168%。而這還只是前菜而已，截至今日（98 年 11 月 30 日）已攻至 35.5 元矣！

眞突破與假突破

一般而言，股價在過了最近一波高點後（收盤站穩其上，技術面收紅且無太長上影線），在下一波高點來臨前，理論上，應無太大壓力，其正常走勢應是逐步走高，再挑戰下波新高，這叫眞突破。是標準的多頭走勢。手中有多單的人，理應持股續抱，迎接未來更大、更豐厚的利潤。

真突破的觀察

請看圖 A 大盤日 K 線圖

大盤行情走到 98 年 3 月上旬時（圖中 ☆處），首先面對的第一個較大壓力是 2 月中旬的 4607，因爲這是第一波最近的高點，3 月 5日那天，指數收在 4637（圖中 ☆ 所指四天內的第一天），已過了 4607 的高點壓力。之後三天，行情雖走橫盤，但收盤價分別爲 4653、

加權(日) 時間 14:30:00 指數 7490.91 漲跌 -248.25 金

力道K線圖 A

5095

3955.43

97/10 11 12

成交金額

B

4628、4671。連四天站穩其上，幾可確認是真突破矣。

　　既是真突破，下一步為挑戰下波高點4817 了。果然，多頭不負所望，三天後，強攻至盤中最高的 4923，小留上影線，收盤為4897，盤中最低 4830，全部高於 4817，確認是真突破，接下來的高點 5095，也在 3 月 23 日那天，以收盤的最高價 5124 過關。連三次真突破，多頭行情愈來愈明顯，這波多頭截至今日為止，最高收至 98 年 11 月 17 日的 7875。自 4607 突破後起算，共大漲了 3268 點，這就是真突破的結果。

　　婦女尚如此，男子安可逢！

個股真突破的觀察

　　大盤真突破下漲幅將近七成，若是個股呢？那更不得了！

　　請看圖 B 美格日 K 線圖：

　　美格於 98 年 8 月 25 日時，就面對了最近一波高點 8.64 元的壓力，但當天開低走高，以 9.08 收盤，順利真突破。第二天又以開高

走高的方式，順利突破 9.11 元的下波高點，連二次過關，證明它是真突破，真突破的結果，讓它從 7.7 元，一路以噴出走勢連拉 18 根漲停，一直到 26.1 元才打住，18 天之內，大漲了 239%，夠兇悍吧！

這就是真突破的效應。

什麼是假突破

反過來說，當股價才剛過前波高點，卻又立即回頭時，這種盤中過了，收盤又不過的情形，就叫假突破。

為什麼會有假突破？

這是主力大戶用來欺騙散戶慣用的伎倆。

如同前面所說的，價過了最近一波前高，在下波前高還沒到之前，因為壓力不大，理應先攻一波，再挑戰前高才是。基於此，一般投資人在突破之後，認為多頭可期，只要等著數鈔票就行了，心情上因此鬆懈下來，防備之心大減，主力大戶就利用這點，給你來個「攻其無備，出其不意」，以遂行其出貨目的。

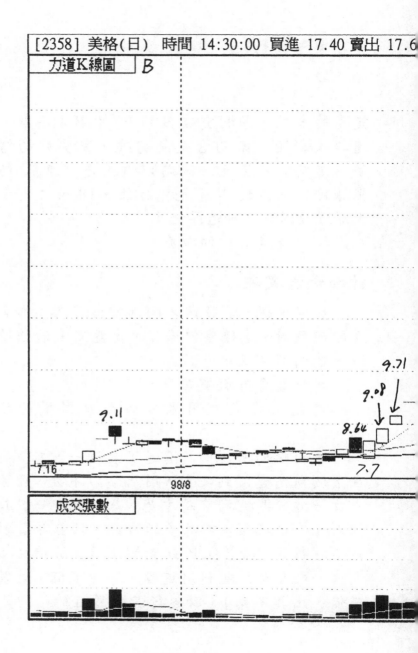

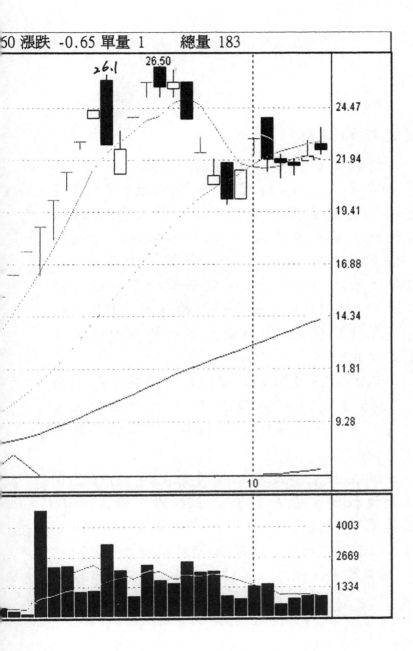

假突破的觀察

請看圖 C 大盤日 K 線圖。

97 年 5 月 18 日那天，指數以收盤的 9197 突破了前波高點 9194。由於當天技術面收黑，雖然盤中最高來至 9241，仍讓人對這個突破有些疑慮。但第二天，行情持續走揚，以盤中的最高 9295 做收，完全解除了一般人的疑慮。不僅如此，由於隔天的 5 月 20 日，是馬英九就位總統之日，讓大眾對於多頭的未來充滿了期待。

不料當天竟只以小漲 14 點開盤，雖是個比 9295 更高的 9309 穿頭價，但已然出乎大家意料之外，總統就職的大利多，不應該開這麼低才對啊！

就在大家還沒有回過神來之時，行情已開始大幅拉回，當天重挫了 226 點。從此 9309 不再來，一直走了半年的大空頭後，才在 11 月 21 日的 3955 止住反轉，跌幅達 57.5%。

事實上，9309 之前，行情走空已有警訊了！

請看先前的高點 9194 在過了前波 9049 的高點後，殺至 8754 才止住。同樣的，9049 在突破其前波高點 8658 後，也迅速壓回至 8419。所謂事不過三，連兩次假突破真拉回後，第三次就直接走空了！

假突破就是空頭

　　碰到假突破，不管有賺沒賺，先跑再說，若硬是不信邪的話，可就有大麻煩了！

　　請看圖 D 美格日線圖：

　　美格在 98 年 9 月 16 日創下波段高點 26.1 元後，當天開高走低，收盤跌停重挫，技術上收了一根將近 13% 的大長黑，這種技術面的走勢，讓人不免認定，行情已徹底結束了！

　　沒想到，隔天卻又開低（21.3）走高，收盤只小跌 0.2 元，第三天乾脆直接跳空漲停鎖死，第四天依慣例開漲停，盤中雖有小幅壓回，但仍以漲停作收。這種走勢，讓人以為，它似乎又要走一波了？

　　然而，面臨 26.1 元這個高點，一開盤就洩底了！怎麼說呢？

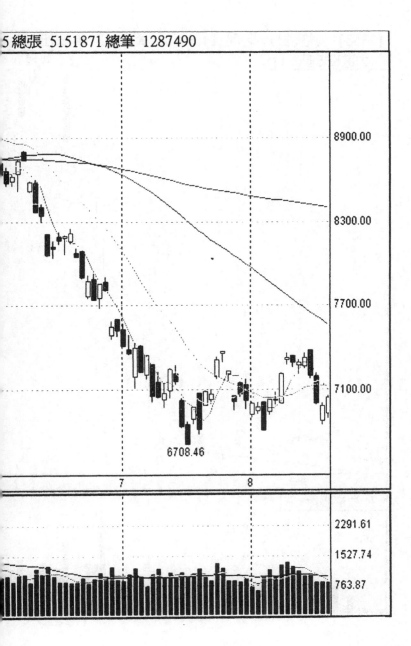

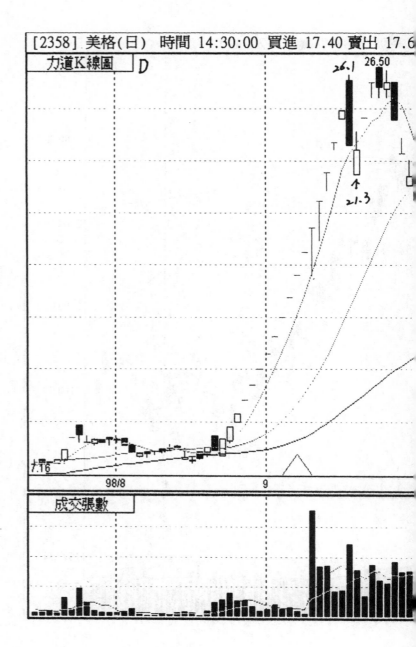

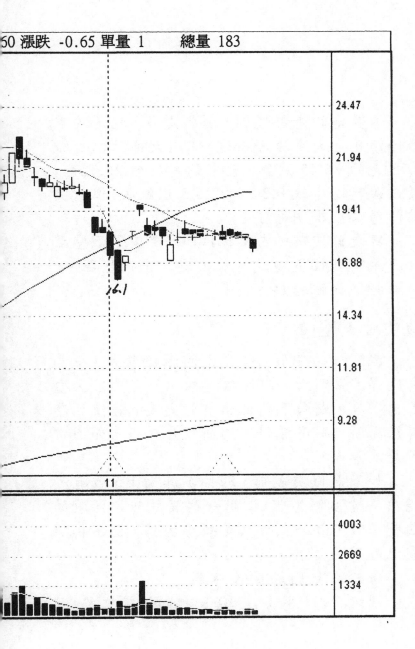

依美格的走勢慣例，眞要走多，就是跳空漲停鎖死並大量漲停掛進，但這天卻只以上漲 0.75 元的 26.45 開盤，盤中最高不過 26.5 元，最後雖只以小跌 0.2 元的 25.5 元做收，但假突破的態勢已很明顯了！

　　既是假突破，就會眞拉回，價最低下壓至 16.1 元，跌幅近四成，然後進入中期整理。

　　特別提醒一點：

假突破大壓回

　　假突破的個股，若先前的漲幅愈大，漲勢愈兇悍，原則上，回檔幅度愈深。尤其若主力已出了貨，或向下壓低出貨時更是。若價已壓得很深時，縱有漲停，也別輕易介入，那通常只是反彈而已。

　　如果是假突破前，漲幅不算太大，較有可能在高檔強勢整理，但對一些股性較不活潑的個股而言，由於主力只是短線操作，也不排除直上直下的走勢。

　　請看圖 E 國統日 K 線圖：

　　國統於 98 年 7 月 30 日起動短線攻勢，三

天內連拉三根漲停後，價來到 20.45 元，隔天即面臨前波高點 20.55 元，由於前二天都走跳空漲停強勢，不免令人期待將可能以同樣方式——跳空漲停突破。不料，隔天跳空開半根漲停 21.15 元過前高 20.55 元後，旋即壓回，盤中殺至跌停，終場則以長黑作收。這很明顯的是個假穿頭走勢。再一次提醒投資人，只要出現假穿頭，先拔檔再說，否則，就有可能像國統這樣，價強漲四天，又以同樣的時間通通跌完。看看線圖，起漲點是 16.6，止跌點是 16.65，幾乎完全一樣，不跑的結果，就是掛在半空中整整三個月才解套（98 年 11 月上旬），就算真的熬三個月解套了，但已不知錯失多少搶進強勢股的機會了！

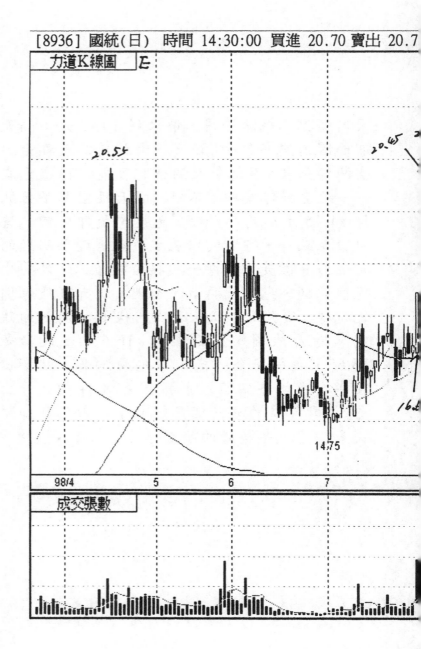

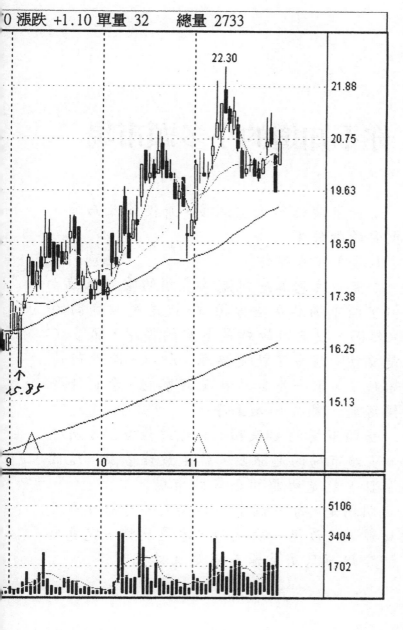

22.30

21.88

20.75

19.63

18.50

17.38

16.25

↑
15.85

15.13

9　　　　10　　　　11

5106

3404

1702

你不知道的小多頭市場

當行情開始進入空頭後，對投資人而言，最重要的兩件事是：

1.站在空方操作。

2.密切注意落底訊號及多頭的重新來臨。

空頭市場站在空方操作，這是毫無疑問的事。然而，股票市場就是多空的循環，漲多了就是要跌，跌多了就是要漲。所以，既然行情開始跌了，下一步自然就是觀察它，看它什麼時候落底，然後開始上漲。

空頭市場的起跌點，就是最佳空點；同樣的，多頭市場的起漲點，就是最佳多點，這個起漲點，就是所謂的小多頭市場。

問題是，每一個空頭市場，一定都會有幾次反彈，而最後一次反彈，才是反轉，究竟要如何分辨，只是反彈而不是反轉呢？

什麼是反彈？

請看圖 A 大盤日 K 線圖：

這是 9309 到 3955 的大空頭走勢圖。圖中 ☆ 所指處，都是反彈，這些反彈的共同點如下：

1.不過（站不穩）前波高點。

以 ☆① 的反彈而言，達高點至 7368 後，旋即壓回，又在 ☆② 重新展開反彈，最高曾攻至 7376，雖過了 7368 前高，但站不穩，當天收了根 129 點中黑，反彈失敗，繼續探底。

九月中下旬，又展開反彈（圖中 △ 處），但很明顯，又失敗了。

10 月下旬，反彈又來了，最高來到 5095，突破了前波高點 5045，但和上次一樣，技術面收了根開高走低的黑棒，雖然這是一波 985 點的稍大幅反彈，但依然無功而返。

2.不能穿頭且成為穿頭慣性。

行情走多的特性，一定是價呈穿頭慣性，也就是不斷突破前高並創新高。

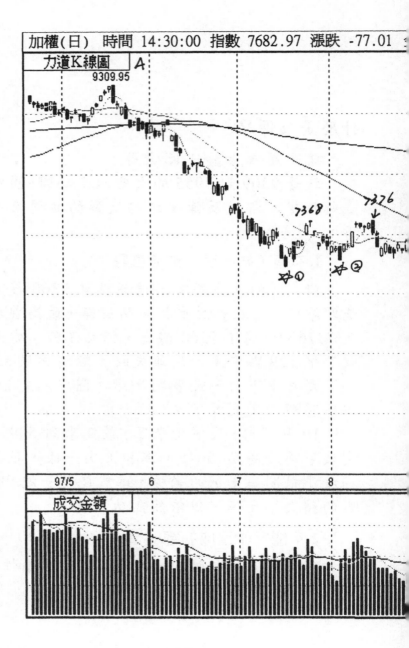

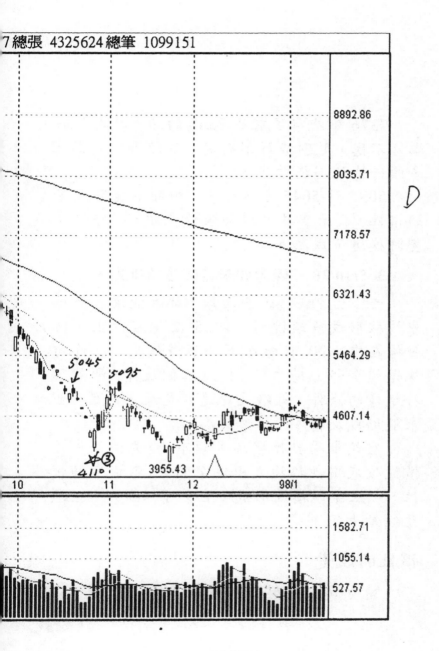

D

8892.86

8035.71

7178.57

6321.43

5464.29

5045

5095

4607.14

×③

4110

3955.43

10   11   12   98/1

1582.71

1055.14

527.57

197

7376 雖然穿了前高 7368 的頭，但高點根本站不穩，更別提再創新高，不能再創新高，多頭行情就別指望了。

　　5095 對 5045 亦然，穿了頭卻不能形成穿頭慣性，表示空頭力道仍強於多頭，趨勢的改變時機還不成熟。

　　3. 5/10/20 三條均線未能成多頭排列。

　　☆①☆②☆③三個反彈，都未能讓三條短中均線形成多頭排列。即 5 日線在最上，10 日線在中，20 日線在下。不僅如此，三條均線還須全部上揚才行。但這三個反彈，顯然不符這樣的條件，所以反彈還只是反彈而已，並未能形成反轉。

　　空頭市場要轉變為多頭市場，先決條件是價從破底慣性轉換成出現穿頭，且形成穿頭慣性，一旦穿頭慣性形成，至少可以斷定，空頭已經結束了！

慣性的改變

　　請看圖 B 大盤日 K 線圖：

198

大盤行情在 87 年 12 月初，又自 7375 起走了一波中空行情，二個月之內，重挫了 1953 點，跌幅 26.2%，一直到 88 年 2 月初的 5422 點才止跌反彈。

這波反彈形成反轉的關鍵在於 6086 那天（圖中 ☆ 處），當天跳空開高，盤中最低 5977 點，比前波 5869 最高還高了 108 點，從此以後，行情緩步走高，不但 5977 不復現，6086 更看不到，小多頭行情自此確定。

只要能持續穿頭慣性，5/10/20 三條均線也將很快地由空轉多，更助長了多頭的氣勢，所以這波行情大漲了 3268 點，漲幅 60%。

5422 的這波多頭，就是俗稱的 V 型反彈，V 型反彈或反轉有個特性，跌幅愈深，彈幅愈大。以 7375 到 5422 這波空頭而言，跌幅為 26%，反彈則有 60%。但 79 年 10 月的歷史低點 2485，由於短線跌幅深，所以彈幅也就大了！

請看圖 C 大盤日 K 線圖：

79 年 10 月的歷史低點 2485，近期是從 5825 點跌下來的，中期則是從同年 6 月的 8007

力道K線圖　B

成交金額

200

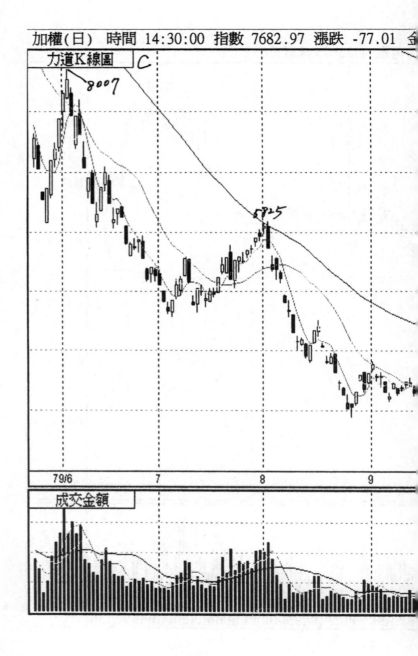

加權(日) 時間 14:30:00 指數 7682.97 漲跌 -77.01 金

力道K線圖 C

8007

5825

79/6   7   8   9

成交金額

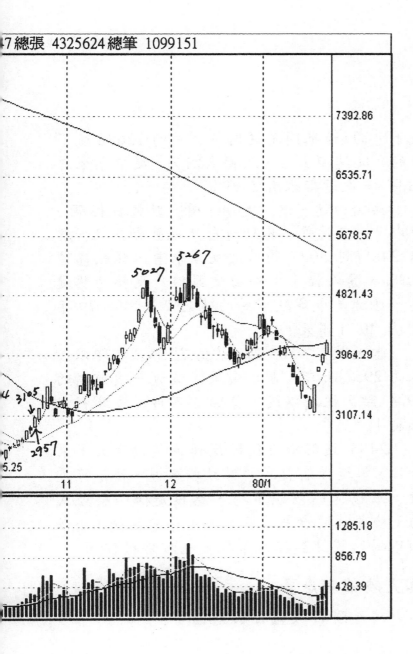

跌下來的，遠期則是從同年 2 月的 12682 跌下來的。從遠期來看，跌幅 82.7%，從中期來看 68.9%，從近期來看 57.3%。

　　無論由遠、中、近期來看，跌幅都極深。所以，一旦反彈，其勁道自然也強勁無比，就以 2485 到 5027 的這波反彈來看，彈幅高達 103%，驚人極了！而由反彈轉爲反轉的關鍵點，也就是小多頭市場的確認點，則在 79 年 10 月 20 日那天。

　　當天最高 3105 點，最低 2957 點，即以最低的 2957 而言，也已突破了最近一波前高的 2924 點，從此以後，低點已不再，多頭初訊來矣！

　　2485 這個低點後的反彈誠然幅度大，來勢猛，但這種崩盤式的慘跌較少見，較不可期待。最穩健的多頭市場，應該是橫向整理式的，整理時間愈長，多頭的走勢愈穩健，小多頭市場的關鍵點較好掌握，也較好操作。

真突破確定走多

　　請看圖 D 大盤日 K 線圖：

3955 的底部確定之後，並沒有立刻展開多頭行情，而是進入了一波長達三個多月的橫向整理，這種橫向整理，是最難操作的行情，因為上下幅度小，多空方向又不明確，其中還隱藏了陷阱，很容易讓人上當。

4658 穿了 4567 的頭，但二天後就破功了，當天行情收 4481，低於 4567，反彈失敗。

4750 雖又突破了 4658，但當天依舊收了根長黑，反彈又失敗。

4817 雖然站穩於 4750 之上，且當日收盤為 4789，但第二天又以一根長黑洩了底，反彈依然失靈。

一直到三月上旬，☆①所指那四天內，每天的收盤價都維持在前波高點 4607 之上，盤中雖有跌破 4607，但收盤都能縮腳站穩其上，這是小多頭市場的初步訊號。

☆①之後，行情逐步走高，一直到☆②那天，當天最高 4923，最低 4830，全都過了過去三個多月來的所有高點，小多頭市場幾乎已可確定，如果還擔心 11 月初 5095 高點的壓力的話，最後到 5124 那天就非進場不可了，這

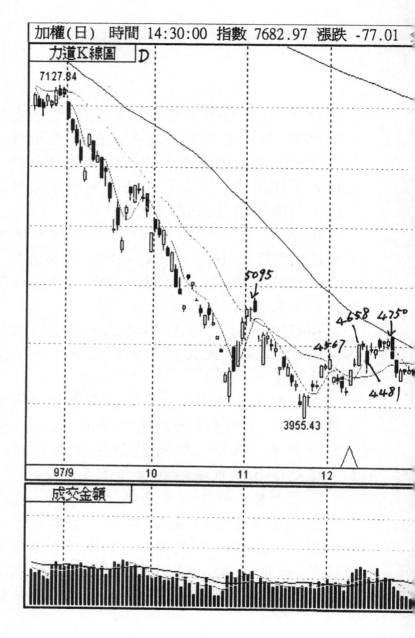

加權（日）　時間 14:30:00　指數 7682.97　漲跌 -77.01

力道K線圖　D

7127.84

5095

4658 4750

4567

4481

3955.43

97/9　　　10　　　11　　　12

成交金額

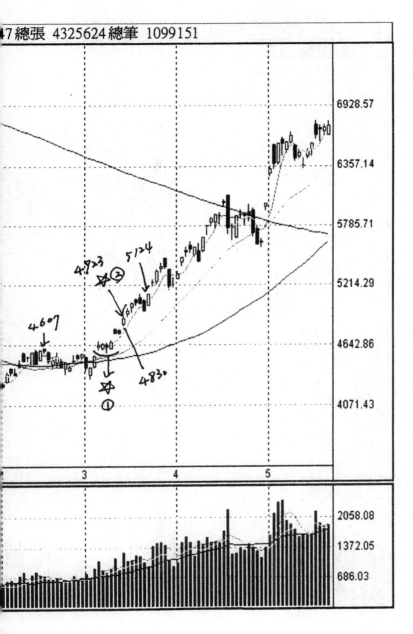

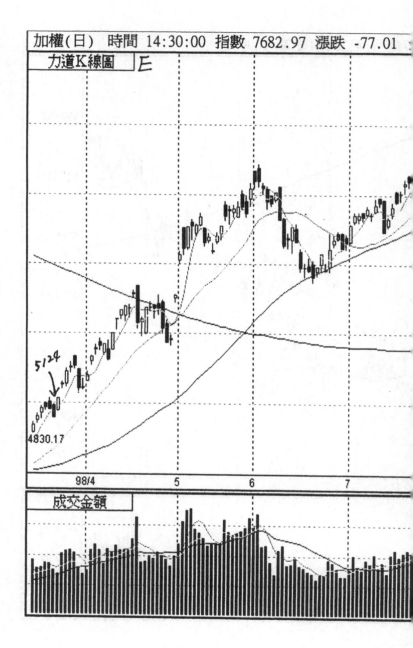

可是小多頭市場百分百的確定點，再不買，就會錯失最後低價進場的良機了！

最佳買點

掌握了小多頭市場的好處是什麼呢？請看圖 E 大盤日 K 線圖：

若從 4607 點算起（參看圖 D），到圖中顯示的最高點 7875，漲點 3268，漲幅 70.9%，若以 5124 點起算，漲點 2751，漲幅 53.6%，這還只是大盤，若是個股，普遍都漲了 300% 以上，而 10 倍以上頗不乏人，20 倍更所在多有呢！

掌握小多頭市場的重要性，由是可知矣！

向下加碼與向上加碼

向下，指的是股價下跌。加碼，是指在股價走低的態勢下，增加持股。這種做法，就是市場上常說的所謂「攤平」。

向下加碼加不勝加

攤平的意思，就是買進後被套牢，於是增加低價的持股，讓總平均成本降低。

這種做法，表面上看起來，似乎有點道理，因為總平均成本確實降低了，但其中也隱含了一個極大的危機：

如果行情根本走空，價持續下跌，就會越套越深，距成本越來越遠，請問，是不是再向下加嗎？

如果是的話，請問有多少錢加？

如果不是的話，則向下加碼式操作，是不是值得檢討？

先看圖Ａ台指期日Ｋ線圖：

台指期和大盤同步，於 97 年 5 月 20 日，在 9388 的高點反轉，一連走了五個多月的大空頭市場，最後才在 10 月底的 3811 點止住。跌點 5577，跌幅 59.4%。

在這波下跌走勢中，價分別在 97 年 7 月中、八月初、九月下，展開三波小反彈（圖中☆處），這三波小反彈的起彈點，就是極短線的買點，但幅度極小，如雞肋一般，食之無味，棄之可惜！

然而，就算是這三波小反彈，如果能事先預知，為何不在波段大底 3811 點全力買進？因為 3811 至今（98 年 11 月 16 日收 7792），指數已上揚了 3981 點，漲幅高達 104.5%，以台指期而言，簡直讓人賺翻了！

反過來說，若能預測 3811 的低點，理論上，也應可能預測 9388 的跌點，若是這樣的話，世界首富早就不是比爾蓋茲，股神也不叫巴菲特，早換人了！

說了半天，只想表達一個論點：

股價是不可預測的。

213

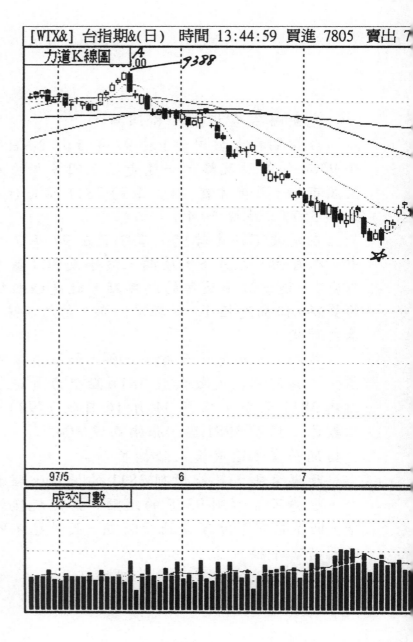

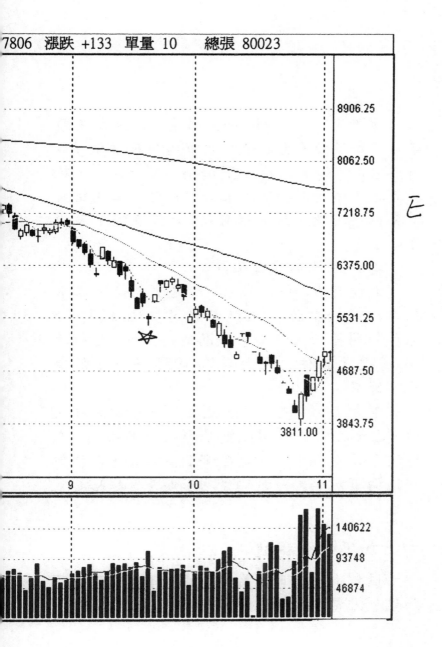

壬

股價既不可預測，一旦被套，不是在多頭市場選錯了股，就是在空頭市場中逆勢做多，別無它由。如果因此向下加碼，若是前者，就算套的是績優股，雖然未必會崩跌，但也錯失了買強勢股賺大錢的機會。若是後者呢？麻煩可大了！

　　請看圖B泰偉日線圖：

　　大盤在97年5月20日走空之後，原本就先成頭的泰偉，又與大盤同步地自168.5元再展開另一波下跌，一直到同年12月初的30.55元才止住，比大盤的3955還慢了好幾天才落底。

　　事實上，早在168.5元之前，泰偉的技術面，已比其它多數個股更早形成空頭排列。在這波下跌走勢中，不管在哪個點被套，在任何一個向下加碼點，都只會越套越深，越賠越多而已！

向上加碼安全穩健

　　股價向下走時，萬一不幸被套，不宜向下加碼。若價向上呢？那就不一樣了。

向上，指的是股價上漲。加碼，是指股價在上揚態勢下，增加持股。

　　一樣的做法，因方向不同，造成的結果，差異可大了。

　　買了股票之後，價下跌，表示做錯了。

　　反之，買了股票之後，價上揚，表示做對了。

　　做錯了，就趕快改正；做對了，當然得循著原方向加快腳步走下去了。

　　請看圖C訊利電日K線圖：

　　訊利電在大盤技術面呈多頭態勢的支撐下，於98年9月21日突破盤面，攻上漲停7.68元。若是當天以漲停搶進，不賺不賠。但第二天一開盤，就顯示這次的操作做對了——價開漲停，後漲停打開，盤中震盪一番後，又再次漲停，既做對了，不妨擴大戰果——再加碼。

　　萬一第三天價回頭，至少還賺有一根漲停的籌碼，若價再向上，再賺一根漲停，共二根，已立於穩勝不敗之地矣！

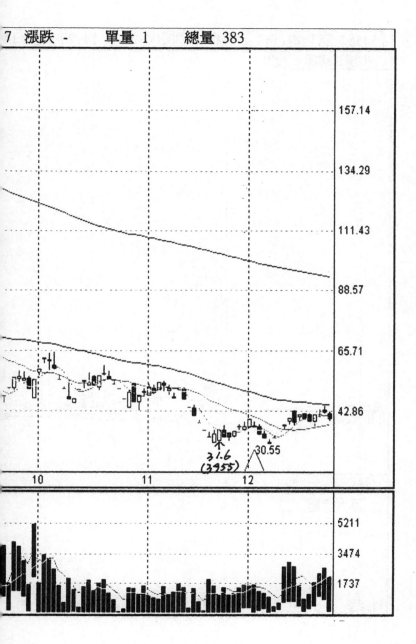

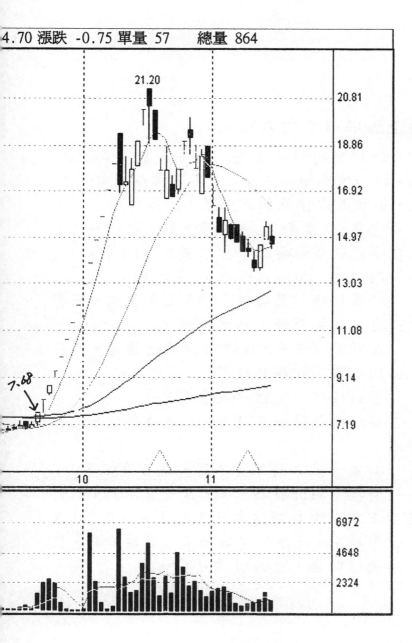

21.20

20.81

18.86

16.92

7.68

14.97

13.03

11.08

9.14

7.19

10

11

6972

4648

2324

221

向上加碼以二次為限

特別說明的一點是，同一支股的向上加碼，以二次為限，換言之，不管個股走勢有多強，第四天以後就別再加了，因為愈向上加，成本愈高，成本愈高，相對的，風險也增加了。除非事先能預知要漲多少？飆幾根漲停。

問題是，誰知道呢？又不是神仙。

就算加碼二天之後，行情又在多頭，而手上還有充裕資金時，該怎麼辦？

在多頭行情中，強勢股會此起彼落，根本不必擔心找不到強勢股買。

看到這裡，也許有人會問？

有些強勢股一旦起動，就連連跳空，該怎麼辦？

如果連掛二天都買不到，就放棄吧！

對無量飆升股而言，正常是買不到，買到是不正常（除非開盤第一筆就抽中成交）。在多頭市場中，天涯何處無芳草！只要有錢，根本不怕沒股票，沒好股票可買。

爲什麼會套牢？

　　每個投資人都不喜歡被套牢，卻從來沒有一個人敢說，他從不曾被套牢過，不管他是多資深的老手或多屬害的高手，關鍵在於套牢的深淺。

　　追根究底，投資人之所以會被套牢，不外下列幾個原因：

一、在空頭市場中站多方操作

　　空頭市場的特性就是：

1. 價連續性地下跌、破底，形成向下破底慣性。
2. 跌多漲少，反彈不穿頭。
3. 在大盤走空的牽制下，不管績優股或投機股都跟著下跌，差別在於績優股緩步盤跌，投機股則崩盤式的急挫，極少例外。

請看圖 A 台指期日 K 線圖：

台指期自 97 年 5 月自 9388 點開始起跌，連走了一波五個月的大空頭，最低至 3811，指數重挫了 5577 點，跌幅 59.4%。

請仔細觀察這波走勢，完全符合空頭市場的特性，如果你專做台指期，又逆勢站多方操作的話，恐怕連套牢的機會都沒有——早就斷頭出場了！

大盤這麼慘，個股只有更糟，別以為買的是績優股，就可以躲掉這波股災？門兒都沒有！請看圖 B 聯發科日 K 線圖：

同一期間內的聯發科，自 426 元大跌至 177 元，跌幅 58%，和大盤的 57.4% 差不多。在這波空頭中，聯發科曾於 97 年 7 月中旬至 8 月上旬期間，順大盤之勢，自 265 元反彈至 380 元。但細看這期間的技術面，這波反彈，其實很難操作，想賺點反彈錢，難！

績優股都跌成這樣了，以下的就別提了，股價打對折是超強股，正常是打三折、二折或以下者更比比皆是。

請看圖 C 全達日 K 線圖：

同一時間內，全達自 71.4 元重挫至 15.85
元，整整打了 2.2 折，而這還不是最慘的！更
恐怖的是，打底（15.85 元）的前十天，價更
走了一波急挫走勢，十天內從 28 元下殺至
15.85 元，跌幅 43.4%。這種走勢，就算沒套
在 71.4 元高檔附近，而是一直忍、一直熬，
而又恰好在 28 元那天進場，也會讓人大賠四
成！真是恐怖極了，空頭市場站多方操作，想
不套牢，根本不可能，但不幸的是，這是大多
投資人最常犯的一個大毛病。

二、在多頭市場中買弱勢股。

多頭市場中的個股特性是，強者恆強、庸
者恆庸、弱者恆弱。

強勢股會領先大盤，且持續不斷大漲，漲
勢兇悍，漲幅出人意料之外，就算頭部出現，
只要大盤不死，也會在高檔整理，不會立刻大
幅拉回，這種股大部以低價小型股居多。

平庸股通常與大盤同步，大盤漲亦漲，大
盤盤亦盤，大盤跌亦跌，漲幅不及強勢股，但
相對於大盤，則稍強些，這種類型，大多以業

F

3811.00

(3955) 179

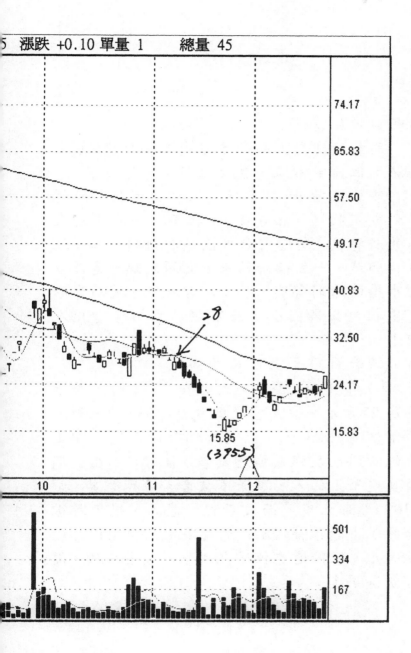

績相對較佳股為主。

　　弱勢股則對大盤的多頭走勢無反應，最多小漲，但通常不漲，甚至還有逆勢下跌者。

　　多頭市場中，很多投資人往往因強勢股買不到或不敢買（怕追高），轉而買一些還沒上漲的弱勢股，期望它會來段補漲行情，但往往事與願違，一旦行情結束，空頭來臨，這種多頭市場的的弱勢股，不但不會抗跌，反而會領先重挫，如果因小套而不跑，恐怕會套死人啊！

　　請看圖D華上日K線圖：

　　97年1月23日，大盤在7384時，華上價為27.8元，當大盤來到9309頭部時，華上的價格為28.3元，在這四個月的期間，價走跌的時間比反彈或橫盤都多。換言之，在這期間買進華上的人，難保不被套。抑有進者，當9309頭部出現，而又不肯拔檔者，後果就很淒慘了！股價從28.3元大跌至同年11月的2.58元，狠狠地重挫了九成多，這種跌法，沒人受得了！

三、個股高檔還追價

多頭市場中，飆股往往比起彼落。所謂飆股，就是一旦起動，除了開始一、二天可能是開平走高還買得到之外，多數時間，一定走下列模式：

1. 開盤漲停鎖死。

2. 大量漲停掛進。

3. 無量飆升，一口氣連拉一、二十根漲停。

這種超強走勢，一定會是股市中引人注目的焦點。面對這種強勢，除非能預知其後續走勢及漲幅，否則，若前三天還上不了車，就別追了！但就有些人就是會心存僥倖，自信不會那麼倒楣，成為最後一隻老鼠，於是天天開盤前以市價掛進（想買這種股只有開盤前掛市價一途）。然而，正常是買不到，買到是不正常，隨著股價越走越高，風險也越大，一旦進場點不對，不但會慘套，而且在相當期間內不容易解套！

請看圖 E 訊利電日 K 線圖：

233

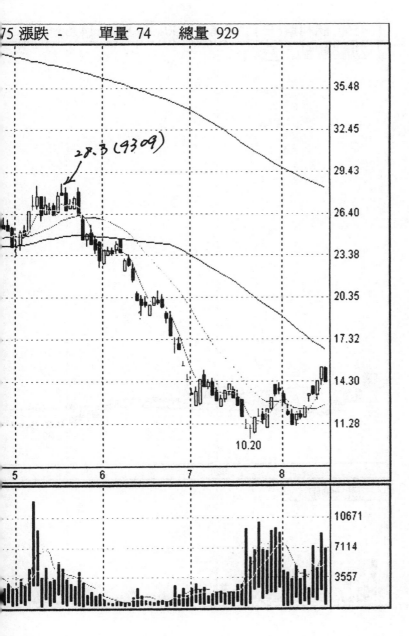

28.3 (9309)

35.48

32.45

29.43

26.40

23.38

20.35

17.32

14.30

11.28

10.20

5　　　　　　6　　　　　　7　　　　　　8

10671

7114

3557

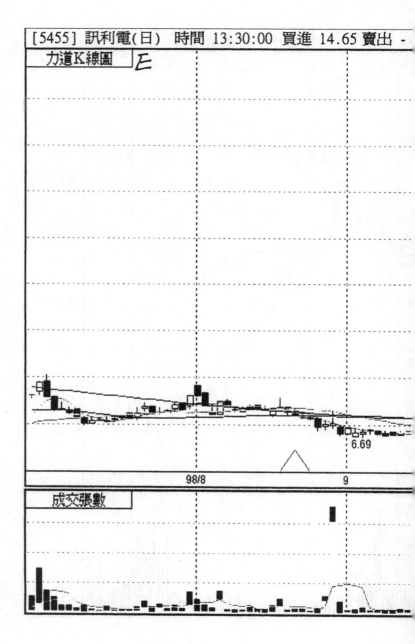

訊利電完全符合飆股的標準，除了 7.16 元起動的前三天還買得到之外，19.35 元前的所有交易日內，根本買不到，但總有人在 19.35 元那天終於買到了，從技術上看這還算是幸運的，但買在 21.2 元的人可就慘了，看看技術面就知道已經賠了多少錢了！想解套嗎？慢慢等吧！

套牢的處理

　　一般投資人在股票剛被套牢時，往往會有下列三種心態：

　　1.反正套的不深，等它反彈。

　　2.向下加碼攤平。

　　3.賠錢不賣，等有賺再說。

　　股票市場上，沒有專家，只有贏家和輸家。即使股神巴菲特，也不是從來沒有套牢犯過錯，關鍵在於被套了、犯了錯，怎麼處理。

三種不同狀況的套牢

　　無論空頭市場、盤整行情，甚至多頭市場，都有套牢的可能。

　　空頭市場被套牢，是因為站錯了邊。因為財神爺站在空頭那邊，你卻站在他的對立面，套牢、賠錢是理所當然的事，問題在於賠多少？

盤整行情被套牢，是因為不該進場時進場。因為財神爺休假去了，多空都沒有「大人」照應。所以，股價橫著走，多空兩不宜。這種行情，小賠小賺，這是耐性的大考驗。

　　多頭市場被套，表示選股能力太差，誤上了賊船，這時候，考驗的是你的決斷力，是虛與委蛇？還是另找「好船」？選擇的結果，將決定你在多頭行情中空手而回？或滿載而歸？

小病不醫掛點出局

　　不管是哪種情況下被套，都不是好事。拿人體健康做比喻。被套牢就好像身體健康出問題的警訊，小病不理就會變大病，若大病再不醫，就可能「掛點」出局，套牢的嚴重性，可見一斑！

　　先看一個最恐怖的套牢。

　　請看圖A台火月線圖：

　　民國 78 年 9 月，台火來到史上最高的 1420 元後，開始大幅拉回，1420 元高點從此不回頭，12 年後，慘跌至 2 元。整整跌掉了

1418 元。意思是說，如果那麼倒楣，剛好買在 1420 元的高點，就算只買一張，也要花費 142 萬元，若因為賠錢而不肯賣，12 年後，只剩下二千元！夠慘了吧！

別以為台火是沒有業績的投資股，才會跌這麼慘。不妨再看看傳統績優股國泰金的例子，請看圖 B 國泰金月線圖：

如圖所示，國泰金在 78 年 6 月創下了台股史上個股天價的 1975 元後，從此高點不再，最慘的時候，下壓至 98 年 3 月的 24 元。

每個人都知道，國泰金決非台火之流可比，形象好、體質佳，資產又多，獲利也不差，為什麼這麼好的股票，也會從雲端掉到谷底？

股票市場沒有一成不變的真理，也沒有一戰功成的定律。想找不變真理與定律的人，一定徒勞無功，但我們可以從過往的經驗，推論出一條經驗法則來：

不管再好的股票，漲多了就會跌。

不管再壞的股票，跌多了就會漲（下市地雷股自然除外）。

價格漲多了，就讓人感覺貴，貴了就讓人

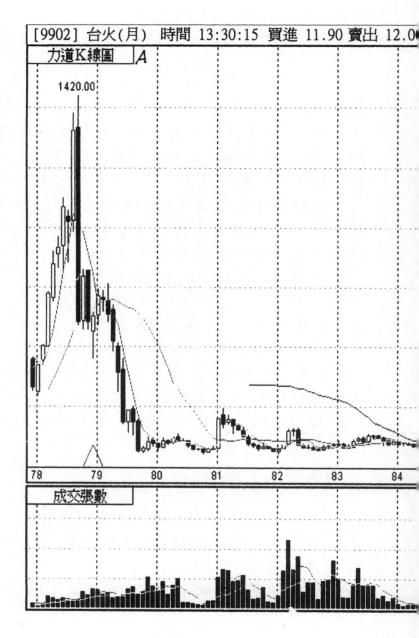

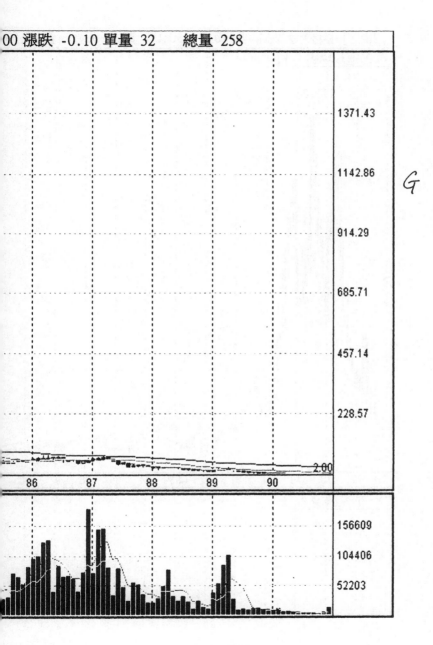

G

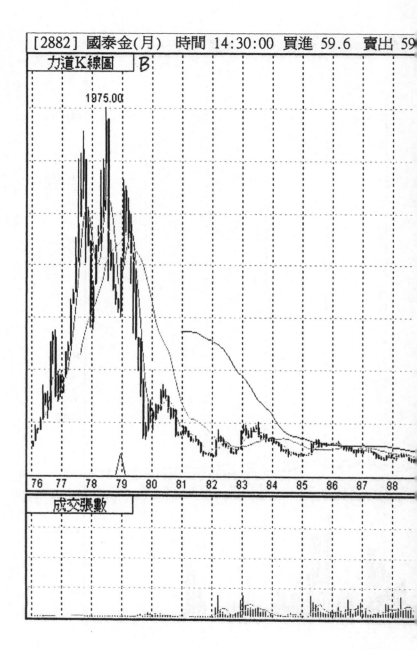

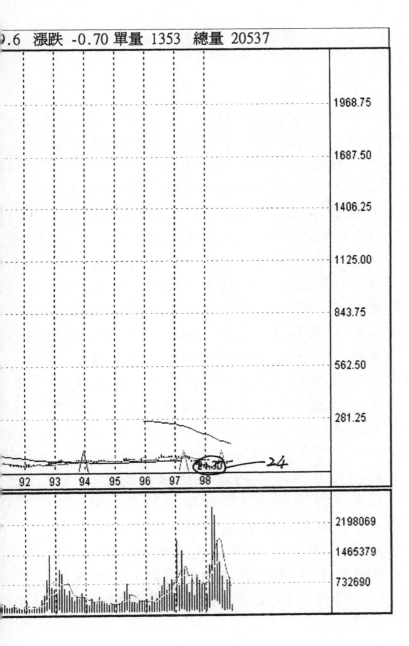

24

想獲利了結，這一來買盤消、賣盤漲，價自然向下壓回，至於壓到什麼程度，什麼價位下又變更宜，技術面就會說明一切。

回到正題上來，如果在多頭市場上被套，表示上錯了車。既是上錯了車，就趕緊換車（換股操作），以免到不了目的地（賺錢）。

話說回來，多頭市場中，個股因為有大盤的加持，多數個股都相對易漲難跌，被套也比較容易解套。所以，不妨給它三天時間，若三天時間都不能解套，別和它耗了，趕快換車。

然而，這裡必需加個但書，若三天未到，而價已經跌破持股成本的 93%，也就是跌幅超過了一根跌停，儘管三天期限未到，最好趕快認栽下車，以免損失從 7%上升至 17%、27%……，乃至於97%。

為什麼在多頭市場還要認賠砍股票？

因為多頭市場中，大部份個股都會漲，不僅如此，大飆股還會此起彼落，與其抱著賠錢的弱勢股，不如轉買會讓人立刻賺錢的強勢股，如果在多頭市場中還賺不到錢，甚至還賠錢，表示操作績效太差，一旦空頭來時，很可

能被痛宰，不如別玩算了！

非認賠出場不可的套牢

　　另外一種多頭市場的套牢，更是非賣不可，這種套牢，不比平常的套牢（如上述者），一旦警覺性太差，下車速度太慢，可是會讓人立刻受重傷的，請看圖 C 冠華日 K 線圖：

　　如圖所示，冠華在 97 年 12 月時已先飆了一段，從月初的 2 元急奔至月底的 5.69 元，若是在 5.69 元被套還好，因為一個月後，價彈至 6.48 元，不但解套了，還可小賺，但我們還是主張在價跌破 93%時先認小賠砍，為什麼？

　　因為當時的行情，走的是多頭，大漲股多的是，可以從別的強勢股加倍的撈回來。不僅如此，自 5.99 元起，價進入了一個二個多月的整理，而這期間內，有不少大飆股出現，若是不認賠先砍，把資金凍結在這段整理行情上，其損失是難以估計的！

　　最糟的是，若套在 30 元的高點，因為距前波起漲點的 2 元，足足有高達 14 倍的漲幅，

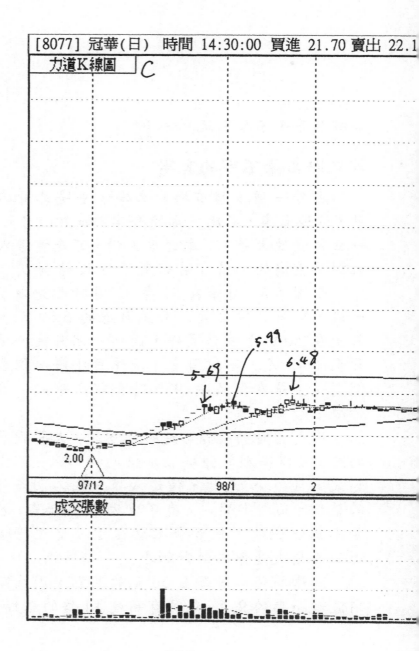

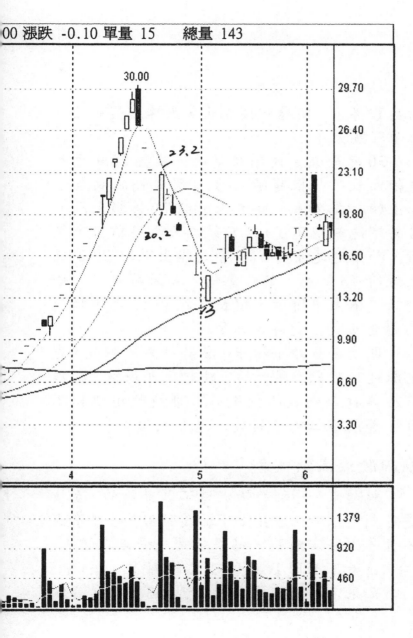

因爲漲得多，回檔空間也大，動作稍慢一點，麻煩可就大了！

30 元那天，價開高走低，收盤 26.9 元，技術面收了一根超過 10%（從最高到收盤）以上的大長黑棒，盤中已出現 7% 停損上限，若再不跑或跑不了，只好第二天再盤前掛市價殺，如果還跑不掉，不管是能出脫的 20.2 或較好的 23.2 元，都是重傷，如果再執迷不悟的話，依圖中所示，價最低殺至 13 元，損失已超過五成，受得了嗎？

即使在多頭市場中，漲勢結束的飆股，先前漲起來雖兇，同樣的，跌起來也很猛，操作這種專打籌碼戰的投機股，非得快進快出不可，否則不但賺不到錢，還會大賠呢！

在飆股最高點被套

說起來，冠華的情況還不算最糟的，至少還可剩半條命，若並上下面這種股，若被套還不肯馬上壯士斷腕，結果就是屍骨無存了！

請看下面圖 D 正華日 K 線圖：

如果不幸被套在歷史高點 33.5 元，還抱

持賠錢就不賣的心態，因而錯失了 24.3 到 27.05 的逃命點，則距本波最低點 5.83 元，損失超過八成，若是套在 27.05 元，損失也在七成多左右，不管是哪一種，都是令人難以承受之重！

別以為只有投機股的套牢會讓人吃不消，即使是績優股，一旦要跌，照樣「大江東流擋不住」。

請看圖 E 聯發科週線圖：

聯發科是台股中數一數二的績優股，但這並不保證它能永遠走多，一旦大環境改變——行情由多轉空——依然難以自外於其中地跟著壓回。

若不幸被套在 656 元高點，而能立刻執行 7%停損點，以一張而言，損失約 46 元。如不此之圖，當價壓至 275 元時，損失將達 381 元，已近 6 成，這還是指現股，如果是融資，早被斷頭了！

聯發科最後一直打到 177 元，才展開反彈，但最高也不過 540 元，若從頭到尾堅持賠錢不賣，表面上看起來，不過每張損失 116 元，

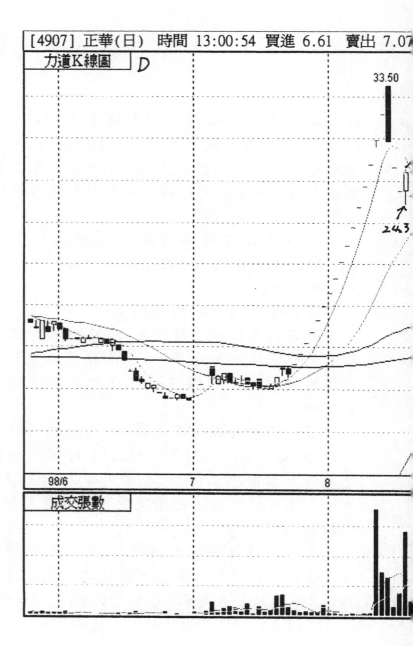

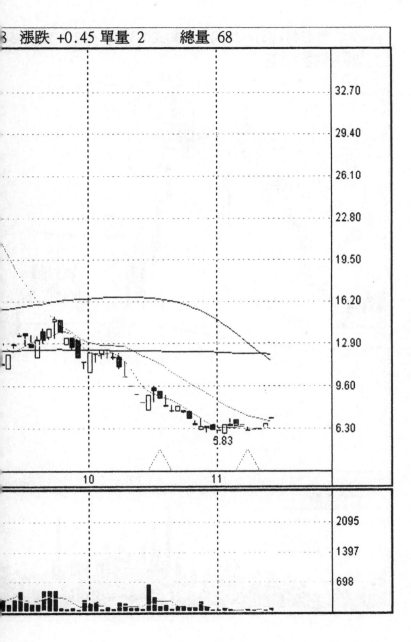

但 177 元時，大盤已展開強力反彈，從 97 年 11 月 21 日的 3955 強彈至 98 年 10 月 20 日的 7808，將近一倍，大盤漲一倍，個股漲個二、三倍的不知凡幾？甚至五倍、十倍以上的大飆股亦不乏人，當別人都大賺錢時，你還在等回本，這種操作，似乎不大對勁吧！

談洗盤

一支個股會大漲、飆漲，不外兩個原因：

一、業績好。

二、籌碼戰。

於是，利用這二個基礎，憑藉著多頭行情，展開狂奔走勢，少則一、二倍，多則十倍以上漲幅也不稀奇。

對所有投資人而言，能買到這種幾乎能發家致富的個股，不但夢寐以求也是操作的最高境界。

買到飆股卻抱不住

然而，很多人買過這樣的個股，卻不能抱得住，充其量只能賺點零花錢，因為總在不經意之間，莫名其妙地讓已在手中的金雞母給飛了！奈何？

毛病出在二點：

一、被洗盤洗掉了。

二、拔檔後，從此不再回頭看它一眼。

所謂飆股，意思是説，一口氣漲個一、二倍以上，且飆升過程中，呈現噴出走勢。所謂噴出，就是：跳空漲停鎖死、量縮、大量漲停掛進。

為什麼會有洗盤？

現在，爲了知己知彼，不妨從主力角度思考問題。假設主力要把某股拉漲兩倍，從起動開始，一定會引來許多搭轎者。以漲停7%爲例，一支要漲200%的個股，至少要連拉十七、八根漲停。如果在飆升過程中，不把成本低的起動跟轎者「請下車」，則沿途中主力將被迫買進高價籌碼，這不但增加主力的操作成本，也會增加主力的操作困難。於是，在連飆幾根漲停後，將漲停打開，甚至將股價小幅壓低，進行「換手」。

所謂換手，就是把成本低的人請下車，讓一直買不到的人上車。

爲什麼成本低的搭轎者會下車？

一、因爲是從起動時上的車，已有相當獲
　　利，再者看本來無量飆升的走勢，忽
　　然爆出大量，將漲停打開，爲避免已
　　到手的利潤折損，更怕價從此回頭，
　　於是拔檔下車。

二、先前沒跟上的人，由於價在飆升過程
　　中，每天追價，想買買不到，好不容
　　易漲停打開，機不可失；於是奮勇搶
　　進，成了新的跟轎者。

　　已上車的人下車，原先上不了車的人上
車，這一來跟轎者的成本提高了，成本一高，
就不至於在半路上拔檔搗蛋(迫使主力以高價
買進)，這樣一來，主力好操作多了。

　　這就是所謂「換手」，俗稱洗盤。

最兇悍的飆股也會洗盤

　　請看圖 A 中纖日 K 線圖：

　　中纖曾是台股史上出現過的走勢最凌
厲、漲停最多的個股之一。

　　圖中顯示，中纖曾在 77 年 5 月起，三個
月內連拉了六十幾根漲停板，如果從 1 月份的

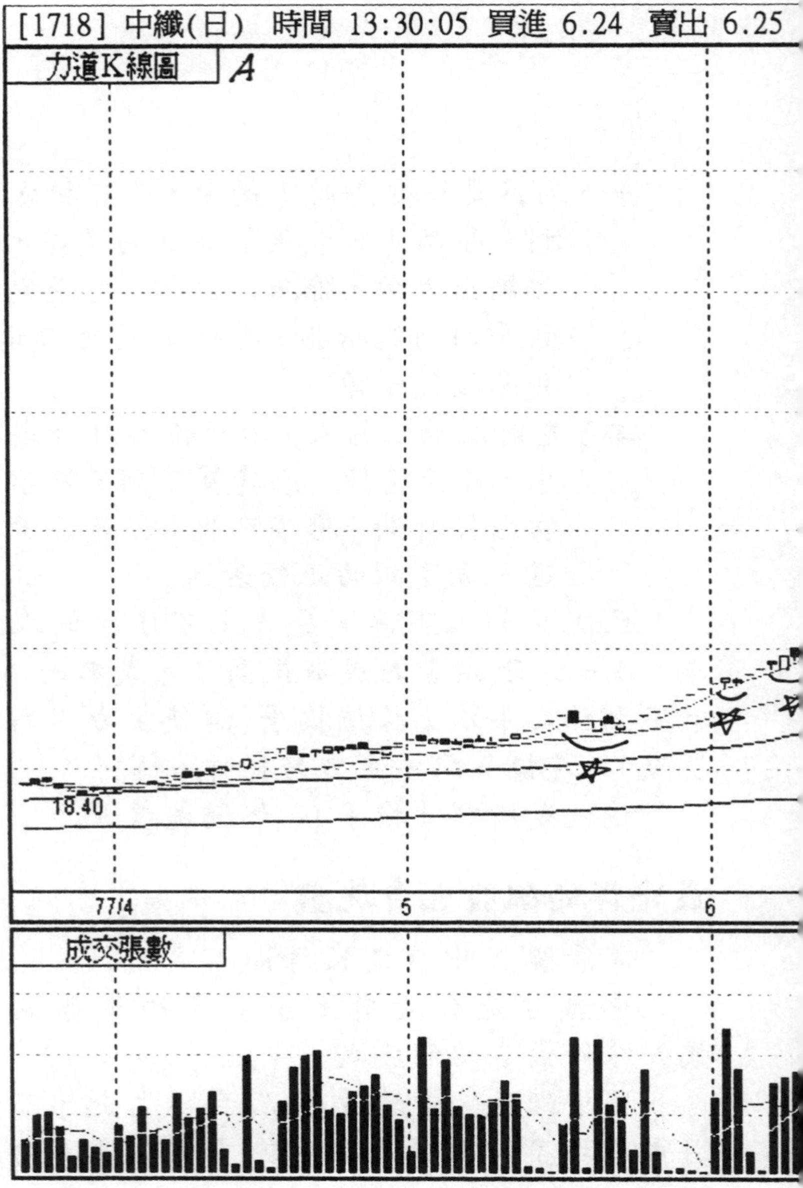

[1718] 中纖(日) 時間 13:30:05 買進 6.24 賣出 6.25
力道K線圖
A
18.40
77/4
5
6
成交張數

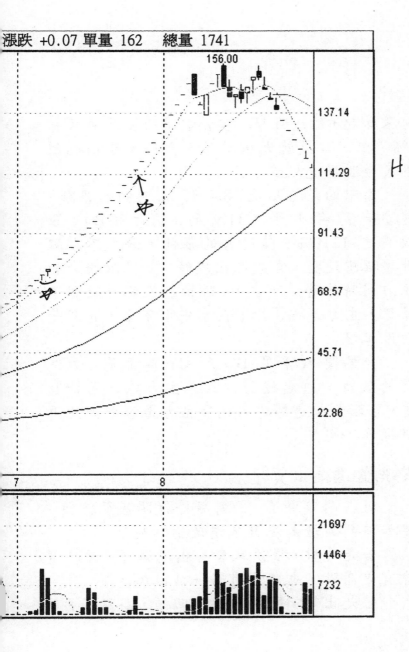

156.00

137.14

114.29

91.43

68.57

45.71

22.86

7

8

21697

14464

7232

起漲算起，已近百根。儘管當時的漲跌幅只有 3%，但一口氣就大漲了五、六倍，恐怕也創下了台股歷史紀錄了！

圖中的最低點是 18.4 元，但它的起漲點，其實是 77 年 1 月的 11.9 元（請看圖 B），漲幅高達 1210%，這麼大的漲幅，如果不在飆升過程中洗盤，當頭部出現時，一旦跟轎者和主力同時搶著「下車」，恐怕別人都獲巨利了結了，主力還被「掛」在空中下不來，豈不是白做工？

無論圖 A 和圖 B，所有☆處都是主力洗盤的痕跡，通過這種方式，主力以外的持股者，是否成本越墊越高呢？主力是否也因此更好操作了呢？

是洗盤還是出貨？

現在問題來了，面對漲停打開甚至拉回，要如何判斷這是洗盤？還是出貨呢？

若是洗盤，很快就會再出現漲停，價將還會有更高點，也將會有另一波漲幅。

若是出貨，則價將大幅回頭，高點不再。

請看圖 C 天剛日 K 線圖：

天剛於 98 年 6 月中旬自 19.5 元起動後，七天內連拉七根漲停後，在 30 元那天出現漲停打開，價大震盪，殺破平盤，量稍放大，技術面出現長黑。對持股人而言，這就是短線賣出訊號，因為我們不知道是洗盤或出貨？先跑再說，但雖然拔檔了，為預防是洗盤，一定得緊盯著它，以防金雞母跑掉。兩天後（圖中☆①處），又拉出了漲停，這時，不妨假設是洗盤，火速追價買回。五根漲停後，漲停又打開（圖中☆②處），盤中壓低至平盤後，縮腳再收漲停，不妨假設又是另外一次洗盤，再以市價買回。

連洗二次盤後，又再連拉九根漲停，然後在 70 元那天，漲停再打開，並爆出了波段最大量 1145 張，雖然盤中有震盪，量也頗大，但收盤又拉漲停，如果已經賣掉了，不妨先假設是洗盤，再買回來。

然而，這一次和前二次不同了，第二天開平後即走低，最後以跌停做收，不妨還它一根停板拔檔下車吧！

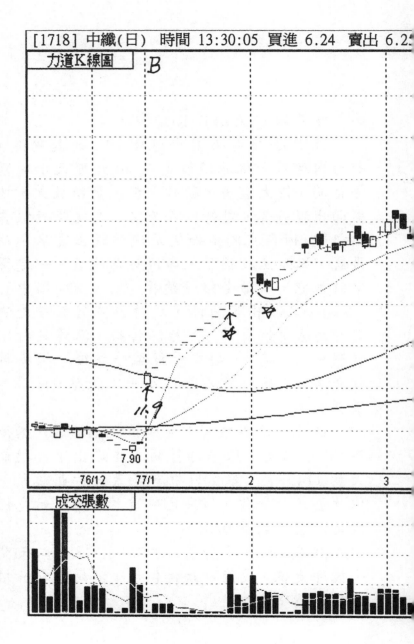

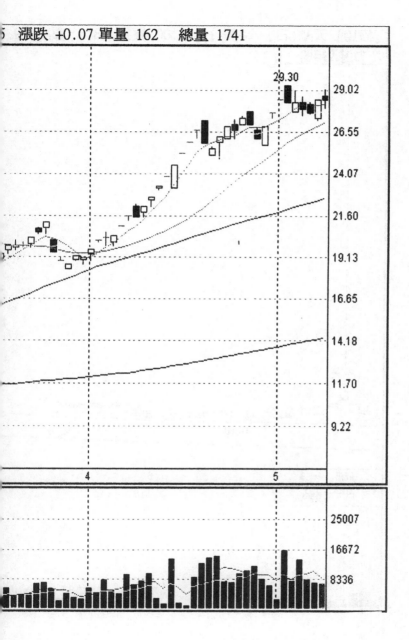

力道K線圖 C

16.10

19.5

98/5   6

成交張數

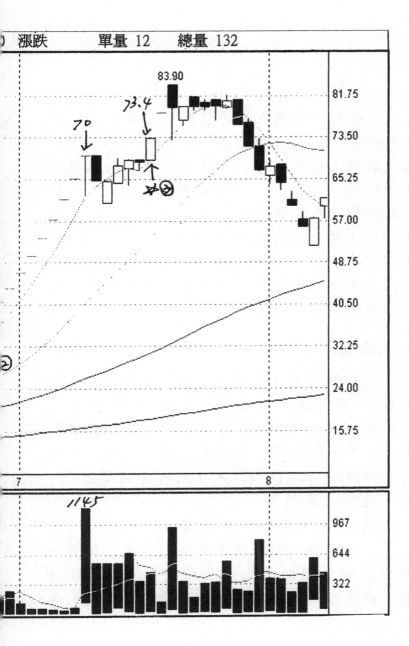

沒想到，經過五天的整理後，價又拉出了創新高的 73.4 元（圖中 ☆③處），你敢拉漲停，我就敢追，於是再搶進。第二天又跳空大漲，但第三天就露餡了──開高走低，量放大，對飆股而言，不收漲停就是拔檔點，只好貼它一根漲停（沒賣在最高的 83.9 元，只賣到平盤）拔檔吧！83.9 元高點出現後，先是橫盤了五、六天，隨後便開始下跌，線型已轉壞，這波多頭操作算是結束了！

一天洗盤

　　天剛的洗盤，還算客氣，至少在低檔（30元處），還可讓人上得了車獲利，但有些主力股的洗盤，兇悍無比，稍不注意，被洗掉後就上不了車，或想買卻買不到，因為它的在一天內完成洗盤，非但如此，打開的時間還很短，稍一遲疑就關門了！

　　請看圖 D 三晃日 K 線圖：

　　圖中三個 ☆ 處，就是洗盤──漲停開盤→漲停打開→關門鎖死，在連續的 17 根漲停裡，出現了三次洗盤，動作不夠快，反應太慢

的人，下了車可能就此被洗掉，空手者稍一猶豫也可能上不了車。

　　所以，操作狂飆型主力股，一定要全神貫注，否則，就算拜對了財神爺，也難得能發財！

　　請看圖 E 三晃五分鐘走勢圖：

　　圖中三個☆處，就是洗盤，但漲停打開的時間很短，一旦洗盤結束，至少得再四、五根漲停後，才會再有進場機會。但成本也因此墊高了三、四成了，成本越高，獲利空間自然相對縮小，操作難度也加大，但這就是主力想要的，搞清楚洗盤或出貨、或做頭，對操作與獲利的重要性，由是可知矣！

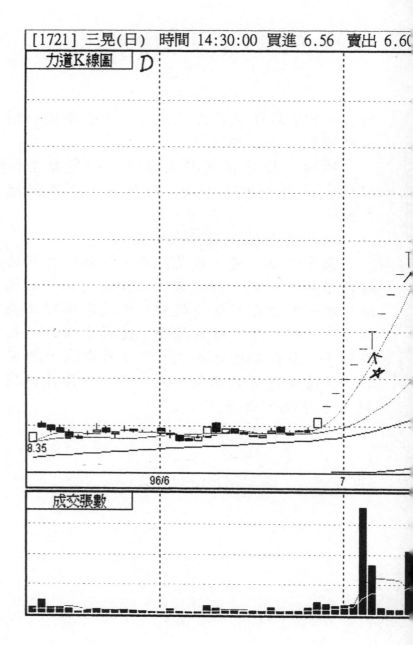

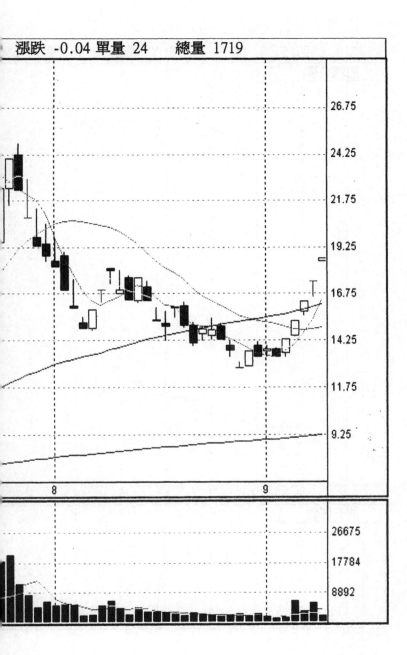

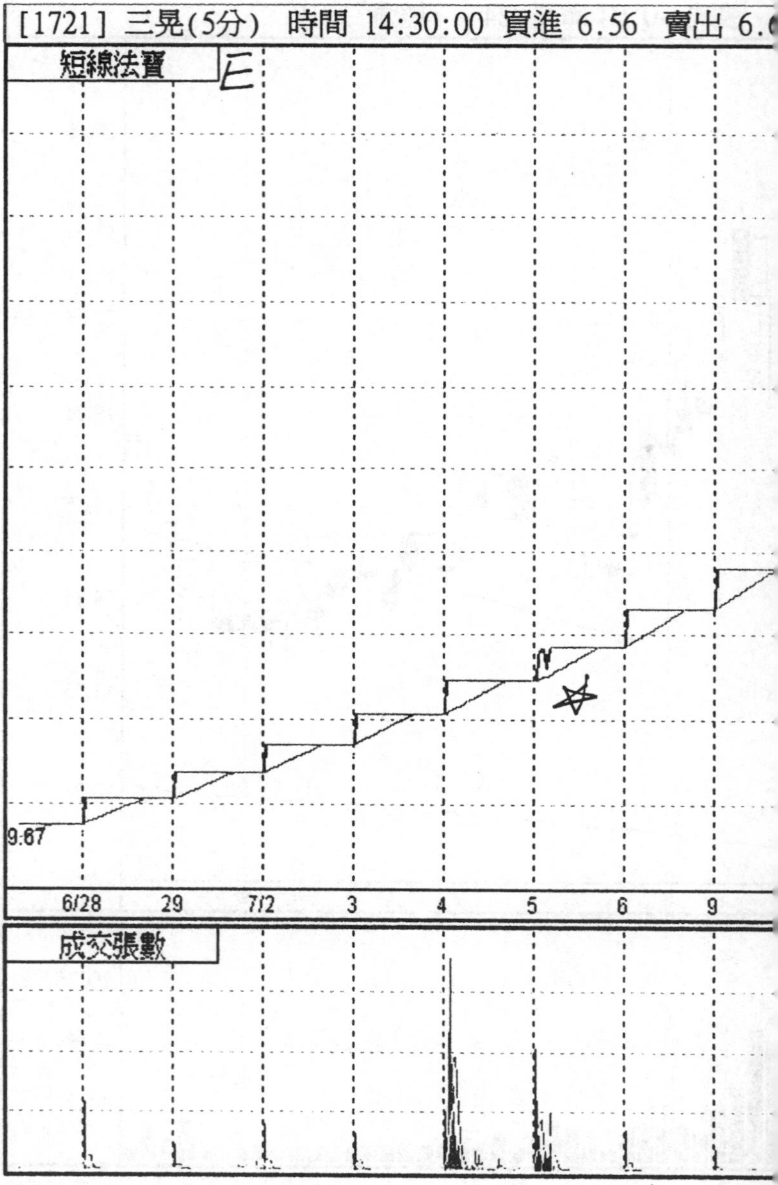

[1721] 三晃(5分) 時間 14:30:00 買進 6.56 賣出 6.
短線法寶
E
9.67
6/28
29
7/2
3
4
5
6
9
成交張數

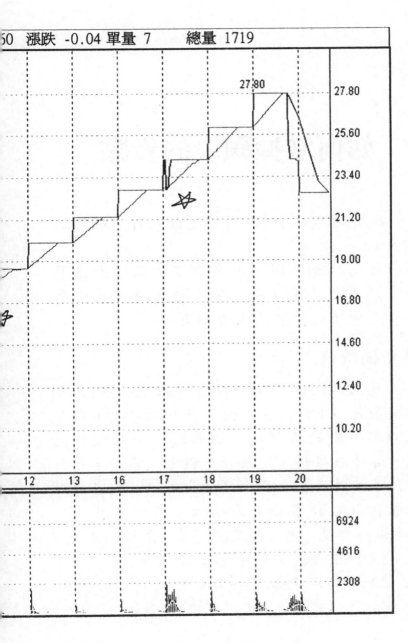

如何掌握飆股的賣點

　　飆股之所以能飆，通常是因為打籌碼戰的關係。

　　所謂打籌碼戰，是主力不以基本面為憑藉，只要在低檔吃夠了貨之後，就以跳空漲停，大量鎖死的方式強力拉升。

福兮禍所伏

　　就因為飆股不以基本面為漲升條件，其中並無法人、中實戶、穩健型散戶的參與，只是主力與一般短線型散戶的對戰，一旦漲勢結束，由於漲得快，且漲升過程中又無量，相對的，下跌時，也會量少又快。所以，飆股賣點的掌握往往比買點更有學問，否則，稍一不慎，好一點是，抱上去又抱下來；最糟的則是，被「掛」在天空，幾年都下不來。

　　請看圖 A 正華（4907）日 K 線圖：

操作飆股，要眼明手快，正華就是最好的例子。一起動後，就是連續 17 根漲停，自 10.55 元到 33.5 元，漲幅 217.5%，時間只有 20 天而已，但只要該拔檔時不拔檔，最好的情況是，漲幅幾乎跌完，白忙一場。但白忙一場的前提是，必須在起漲點買進，才能不賠，但何其難哉！因為漲升過程中，都是跳空，根本買不到，唯一有機會的是，漲停打開那一天，但這已是第 15 根漲停（圖中☆處），風險已高。最倒楣的是買在 33.5 元那天，股價從此一去不回頭，一直殺到 11 元才止跌反彈，最壞的情況是，19 天內損失 67%。

你以為正華是特例嗎？那可就錯了，再看看圖 B 昱泉（6169）的日 K 線圖：

昱泉和正華幾乎如出一轍，漲幅差不多，也是上漲過程中買不到，但一旦漲勢告一段落，回起檔來可一點也不含糊，只是幅度沒那麼大而已。也許有人會說，昱泉雖然從 168.5 元重挫至 81.3 元，但經過 19 天的整理後，又曾經反彈至 144.5 元，損失大幅減少了？

但問題是：

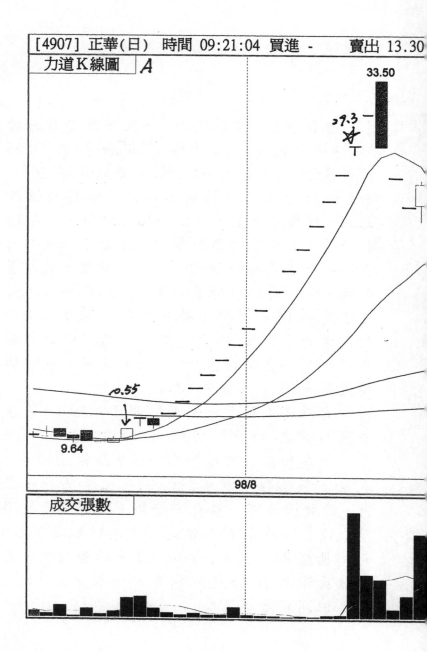

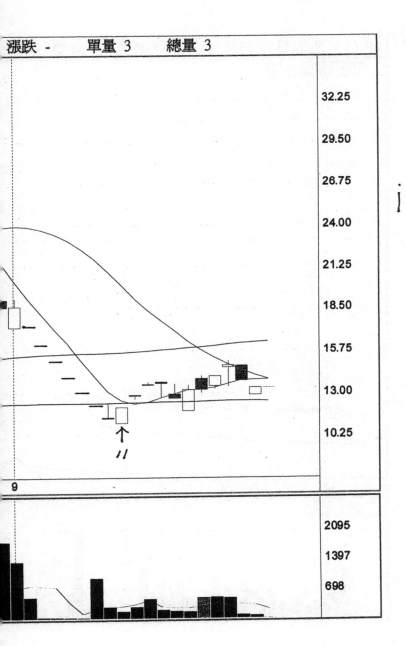

32.25

29.50

26.75

24.00

21.25

18.50

15.75

13.00

10.25

9

2095

1397

698

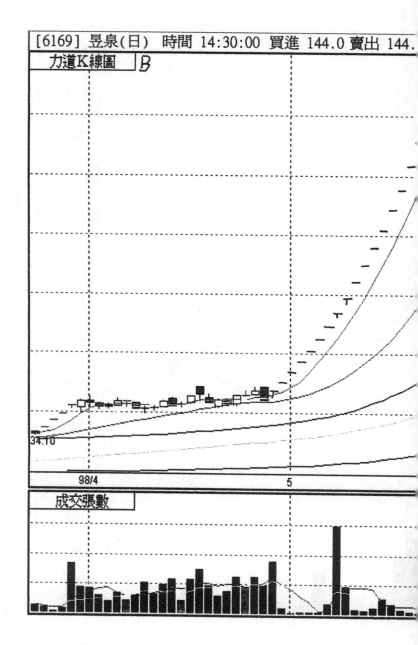

[6169] 昱泉(日)　時間 14:30:00 買進 144.0 賣出 144.

力道K線圖 β

34.10

98/4　　　　　5

成交張數

278

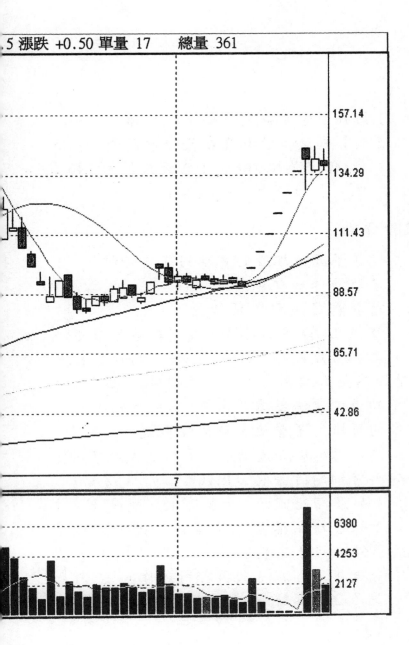

1.誰知道它事後又有個中級反彈？
2.就算知道，就算賣在反彈最高的 144.5
　元，但還是比 168.5 元當天最低的 146.5
　低啊！

飆股賣點

　　說了半天，飆股的賣點到底在哪裡？

　　不收漲停就賣。

　　請看圖 C 天剛日 K 線圖：

　　98 年 6 月 18 日那天，天剛在第七根漲停
時，收了根黑 K 棒（30 元那天）。爲什麼收黑
K？因爲主力站在賣方，把價錢賣下來了，由
於不知道這是洗盤還是出貨，爲免重蹈正華及
昱泉的覆轍，不管他，先拔檔再說。

　　請注意，飆股拔檔後，千萬別從此不顧，
一定要仔細的盯著它，因爲：

1.如果從此回頭，大幅下挫，就是出貨。
2.如果在高檔強勢整理幾天後，又拉漲
　停，就是洗盤？

　　若是 1.，那就不必再有所動作。

　　若是 2.，那就趕快以市價再追回來。

結果是 2，股價在 30 元回頭，稍整理了二天後，又拉出了漲停（圖中☆①），重新展現飆勢。四天後，又在☆③處漲停打開，但終場還是收漲停，如果在盤中賣掉，記得再追回來，只要隔天能依原先慣性開漲停，收漲停，就證明了這個漲停打開又是另次洗盤。

　　70 元那天，漲停又打開，盤中殺低至距跌停價（60.9）差二檔的價格後，又迅速拉起，尾盤又收漲停。這種情況下的操作是：在漲停未開之前先賣出，但盤中又攻漲停時，不妨再買回，如果收盤不能漲停，則宜賣出。反之，則續抱，靜待第二天的反應。結果隔天開平後，迅速走低，這就是賣點了，雖然最多可能少賺了一根停板，但畢竟波段的二十根停板大致也都到手了，何妨呢？

　　隨後，股價經過五天整理後，又拉出漲停（圖中☆②處），就再買進，但這個波段的漲幅已小了許多，隔天跳空鎖死，第三天順勢開漲停後，隨即走低，盤中最低殺至跌停，收盤雖又拉起一些，留下長下影線，價小漲，但因未能收漲停，自然又是賣點。

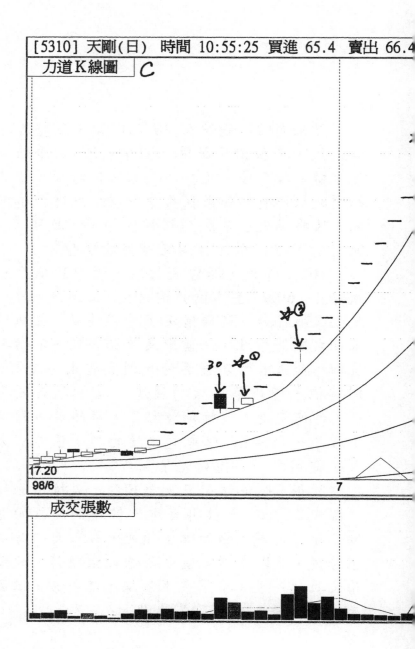

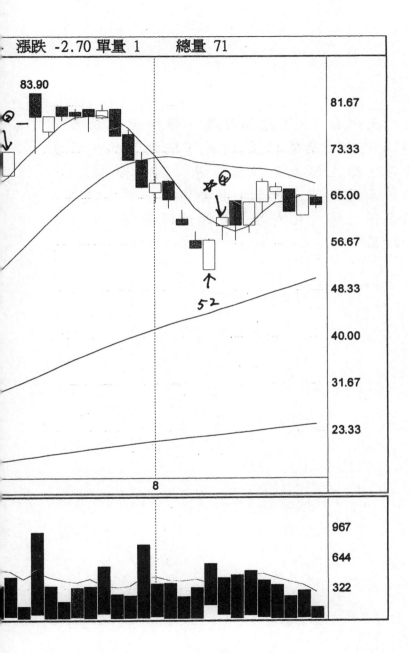

天剛自 83.9 元高點後，價即大幅拉回，14 天之內，最低打至 52 元，回幅 38%，幅度頗深，雖在隔天又拉出漲停（圖中 ☆④處），但第三天即開高走低，走勢已不如前面凌厲，顯示價已需大幅整理，多頭波段操作，自此告一段落。

如何擁抱飆股

這裡所謂飆股，通常都具有下列條件：

一、漲勢起動後，開盤即跳空、漲停、鎖
　　死，並有相對於成交量以倍數計的漲
　　停掛進。

二、波段漲幅至少一倍，甚至三、五倍或
　　以上。

買到飆股是每個投資人夢寐以求的事，小
則賺取投資金額數倍的厚利，大則可發家致
富。

然而，買到飆股已屬不易，但有許多人，
就算能買到飆股，也很難賺取到大波段的利
潤，原因在於，不懂飆股慣有的幾個持性：

飆股後半段的利潤比前半段大很多：

一般人不了解，飆股一旦起動後，其漲勢
之猛、漲幅之大，往往出人意料之外。但很多

人常常自做聰明地認為「漲幅巳大」，便自以為是的獲利了結的下車，讓「金雞母」變成一支很平常的母雞，其損失之大，很難形容。

請看下面圖 A 美德醫（9103）日 K 線圖：

美德醫在民國 96 年 6 月 13 日起飆，26 個營業天內，拉出了將近二十六根漲停板。

假設在 3.32 元起動那天進場，第二天跳空漲停，上漲了 0.23 元。以後連連跳空漲停，在一般人的觀念裡，漲停板就是漲 7%，但很多人都忽略了，由於計算基數的不同，雖然都是漲停，但第一根漲和第十根漲停，在持股不變的情況下，差別可是很大的。

圖中顯示，第一根漲停價 3.55 元，上漲了 0.23 元，但到第十根漲停時，則上漲 0.42 元，是 0.23 元的 182.6%。

到第十五根漲停時，上漲了 0.59 元，是 0.23 元的 256.5%；第二十漲停上漲 0.8 元，是 0.23 元的 347.8%，第廿五根漲停上漲 1.05 元，是 0.23 元的 456.5%。

不妨再用更具體的方式說明：

假設在 3.32 元那天幸運地買到 100 張；

共花了 33.2 萬元。若以後的持股都不動、不變，第一根漲停賺了 2.3 萬元，但到了第十天，當天一天就賺了 4.2 萬元，第十五天的漲停賺了 5.9 萬元，第二十天爲 8 萬元，第二十五天更高達 10.5 萬元。一樣都是漲停板，但第二十五天賺取的利益相對於第一天，整整多了 8.2 萬元。

再換個角度來看，第一天的總純利潤是 2.3 萬，報酬率爲約 7%（0.23÷3.32＝6.92%，以下同），第十天爲 31.5 萬，報酬率 94.8%，第十五天爲 57 萬，報酬率爲 171.6%，第二十天爲 92.3 萬，報酬率 278%，第二十五天爲 130.3 萬，報酬率爲 392.4%。

這些事實告訴我們一點：

買到飆股，不要輕易下車，越堅持到最後，獲利越高。在持股數量不變的情況下，第二十五根漲停的利潤，可是第一根的 4.56 倍啊！

話說回來，所有飆股，在漲升過程中，不管它要漲幾根停板，也很少不在半途進行洗盤整理的，而很多人就會在這個整理過程中，被

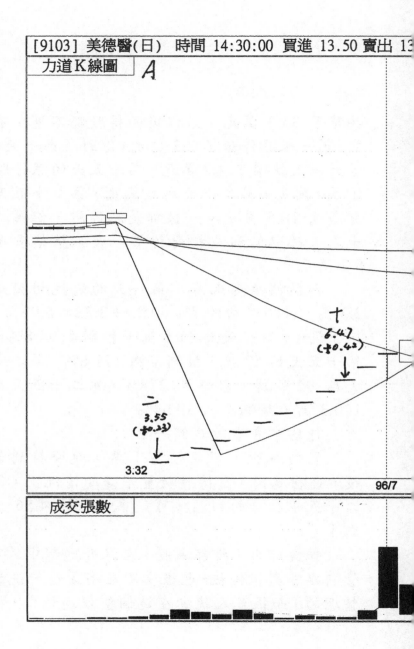

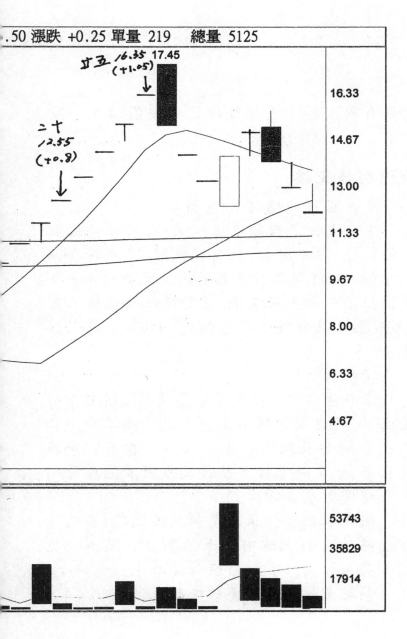

廿五 16.35 17.45
(+1.05)

二十
12.55
(+0.8)

16.33

14.67

13.00

11.33

9.67

8.00

6.33

4.67

53743

35829

17914

嚇得自動出場，讓飆股從此一去不回頭，慘哉！

中途別被洗掉

請看圖 B 中纖日 K 線圖：

中纖大概是台股有史以來，波段漲停板最多的個股，圖中顯示，股價從民國 77 年的 31.8 元起動，一直到 8 月 6 日的 152 元方休。一口氣連拉了約六十根漲停，當時的漲跌幅雖只有 3% 而已，但整體波段漲幅達 480%，驚人極了！

請注意：

漲升過程中，出現了數度洗盤（圖中 ☆ 所指處），其現象是開高走低，未能收漲停，偶而也會開盤未跳空漲停，經過一番多空爭戰（出量），又收漲停，然後又重新展開攻勢。

這個現象告訴我們：

飆股的漲勢與漲幅是無法預測的，在它沒有明確的賣出訊號前，千萬別自作聰明地拔檔，甚至放空，否則將後悔莫及！

問題是，要怎避免被洗掉呢？

請看圖 C 農林日 K 線圖：

農林自民國 96 年 6 月 8 日從 7.71 元起漲，一直到 7 月 18 日的 34.8 元才結束攻勢，這個波段的總漲幅爲 351%。在漲升過程中，共出現了二次洗盤。其中，第一次洗盤的第一天，爆出了 137486 張的超大量，很多人就是被這根大量嚇跑了！接連二天都走的很平常，一收黑十字線小漲，一收黑，就短線技術面看來，似乎漲勢已結束。不料第四天又收漲停，攻勢又起。這根漲停告訴了聰明的投資人，先前三天只是洗盤而已。因爲，若是出貨的話，13 萬多張的大量後，股價就下去了，決不會只小回一點點，就又重新展開攻勢的，這是判斷「洗盤」或「出貨」最好的方法。既是洗盤而非出貨，當然又回頭買進，以免錯失了後半段更大的利潤了，沒錯！

這裡要特別提醒投資人一點：

很多人好不容易買到飆股後，一旦了結，就不再理會，事實上，這可是大錯特錯的事，前面中纖與美德醫的例子告訴我們：

1.飆股再兇，中途大都會洗盤。

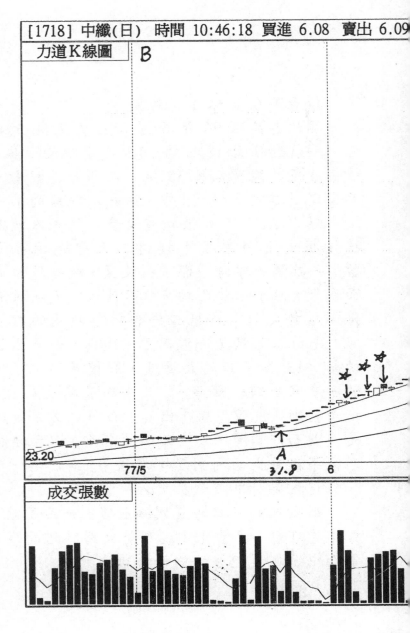

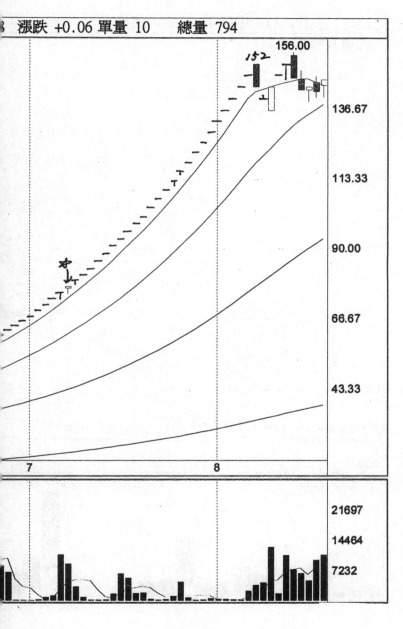

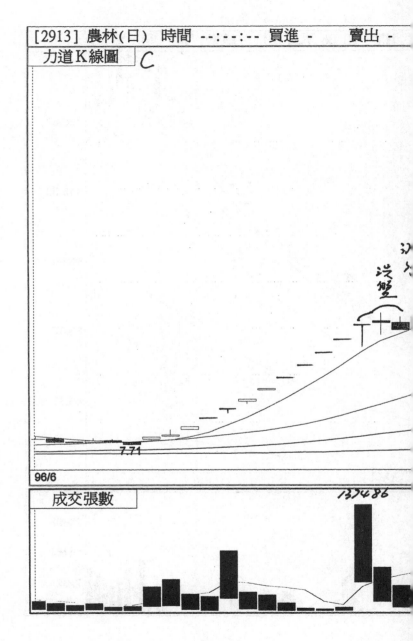

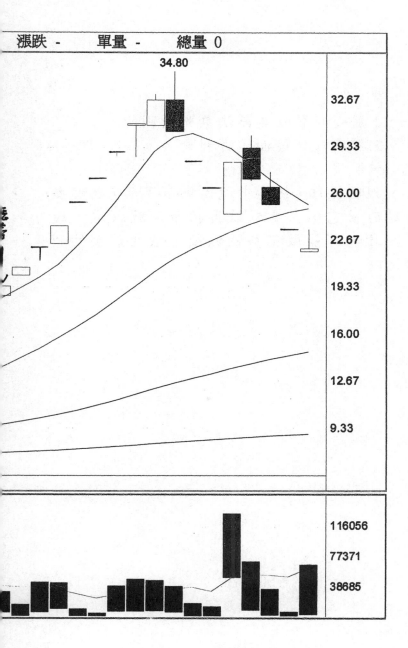

2.飆股的漲幅是無法事先預測的。

3.飆股愈到後面，獲利愈大。

結論是：

飆股操作，就算中途因故下了車，也都要隨時盯著它，只要它敢再拉漲停就敢進，這樣，才有可能做完整個波段，賺到最大的利潤。

拉高出貨？

萬般拉抬只為出。這是股市裡流傳已久的一句話。而這話也符合股市現實。

的確，主力介入一檔股票，辛辛苦苦地把價格拉高，目的當然是為了賺取往上波動的差價。

問題是，如何觀察主力拉高後的出貨跡象，以便與主力同步地拔腿開溜，高檔獲利呢？

在一般人的理解中，最常用的觀察方法，只要是高檔爆大量，就是主力出貨訊號，理由是：量大做頭。

量大未必出貨

這話有一定道理，因為量會放大，都是因為主力大戶大動作所造成的結果。然而，主力的大動作（量放大）就代表他出貨了嗎？

恐怕未必，先看下面圖 A 全達日 K 線圖：

全達於 95 年 11 月 2 日的 29.65 元起動，在短短 12 天之內，狂奔至 67.5 元，漲幅達 128%，這算不算拉高？當然算；量有沒有放大，當然有。因為 67.5 元高點這一天，量放大至 2426 張，已是該股歷史第三大量。價高了，量放大了，似乎主力出貨已很明顯了，所以，遊戲結束，趕快拔檔下車，獲利了結吧？

然而，若真這麼做，事實已證明，這是個錯誤的做法，因為 67.5 元不過「山腰」以下，股價一直到飛到 180 元才休止呢！

看到這裡，也許有人會說，全達股本超小（3.67 億元），主力高興怎麼玩就怎麼玩，不足為訓！好！那就看另一檔股本 53.2 億元，而且動不動成交三、五萬張甚至十萬以上的中型股吧！

請看圖 B 農林日 K 線圖：

農林於 96 年 6 月上旬的 7.71 元起動，13 天內，強攻至 16.25 元，漲幅達 110%，算不算拉高，當然算，算不算爆量？137486 張是歷史量，當然是大量！結果呢？和全達一樣，

16.25 元相對於日後的波段高點 34.8 元，一樣是在半山腰以下。

這些事實顯示了一點：

拉高當然是為了出貨，但未必量一放大就是出貨訊號啊！如果投資人以高檔爆大量就是主力出貨訊號，因而認定價將走空，上述事實已經明確顯示錯誤了！

有沒有注意到全達在 67.5 元和農林在 16.25 元大量的共同點？

二者都是開漲停，因盤中大震盪而爆大量，但收盤都是漲停板？

開漲停肯定是主力動作！

漲停打開大震盪肯定也是主力大動作，散戶跟進，造成的結果！

收盤漲停肯定也是主力動作的結果。

量這麼大，如果主力出貨了，股價肯定成棄嬰——價一定會因此順勢大幅滑落啊，但並沒有，為什麼會這樣？

兩種可能：

主力貨沒出完！

主力還沒玩夠！

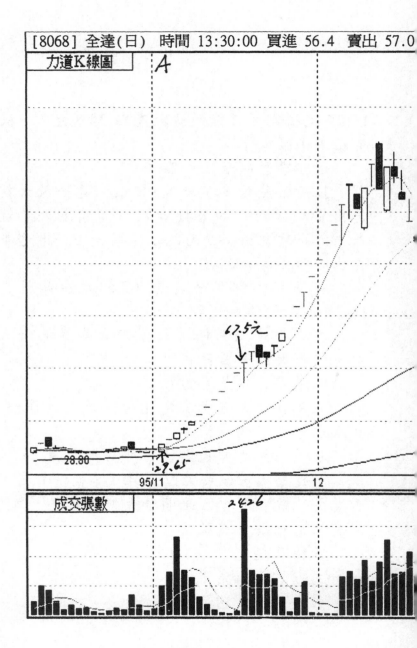

[8068] 全達(日) 時間 13:30:00 買進 56.4 賣出 57.0

力道K線圖　　A

67.5元

28.80

29.65

95/11　　　　　12

成交張數

2426

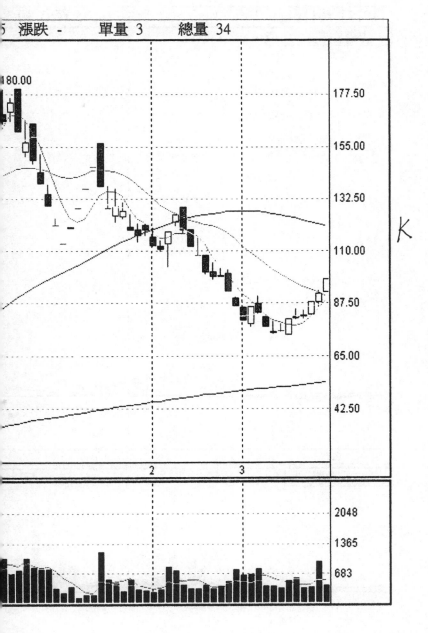

K

力道K線圖　　$\mathcal{B}$

6.42

7.71

96/5　　　　　　　　　　　　　6

成交張數

302

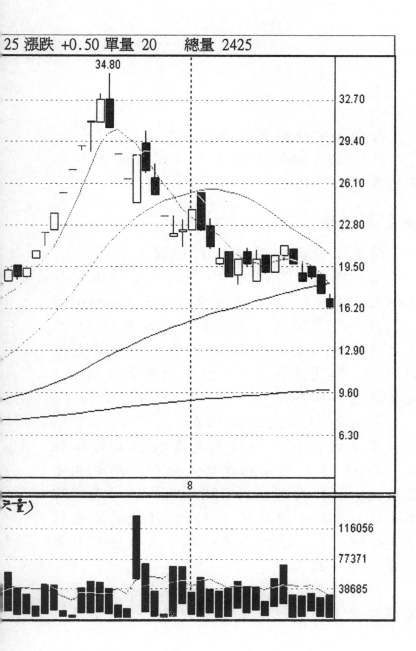

否則，它幹嘛又以漲停收盤！

既如此，如何判斷主力可能出的差不多了？或不玩了呢？

價長黑做頭

請看下面圖 C 昱泉日 K 線圖：

圖中顯示，股價自 49.1 元，在一個月內狂飆至 168.5 元，漲幅不可謂不大，然而，168.5 元那天，股價開高（漲停）走低（跌停），但量並沒有特別大，只有 3943 張，相對於先前 6364 張，顯然並無異常，但價明顯是做頭了，這究竟怎麼回事？

再看圖 D 合機日 K 線圖：

不必再多說，合機也是支被拉高的狂飆股，其 31.75 元的高點也確是頭部，而量也確實放大，且比前個高點 30800 張，只少了 934 張而已，就其量價結構而言，很可能貨已出掉了。奇怪，不一樣的價量結構，為什麼結果都一樣──頭部出現？

關鍵在於，許多投資人都以量來判價，只要量一放大，就認為是頭部到了，這完全是搞

304

錯了方向。

讀者們不妨檢視上述四股日 K 線圖的共通點：

頭部形成那天，全部以長黑做收。

爲什麼會收長黑？因爲主力大戶大動作站賣方。

非但如此，從此以後賣多買少，於是股價自此不回頭矣！

至此，我們可以得到一個結論：

決定股價頭部的關鍵在價長黑而不在量大小。只要價長黑，先跑再說，除非幾天後又拉漲停，否則別再輕易進場。

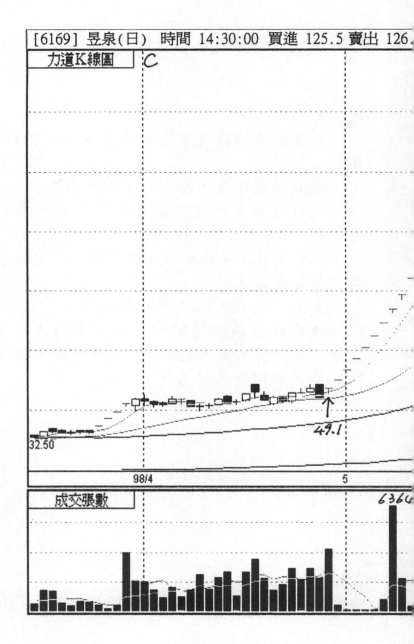

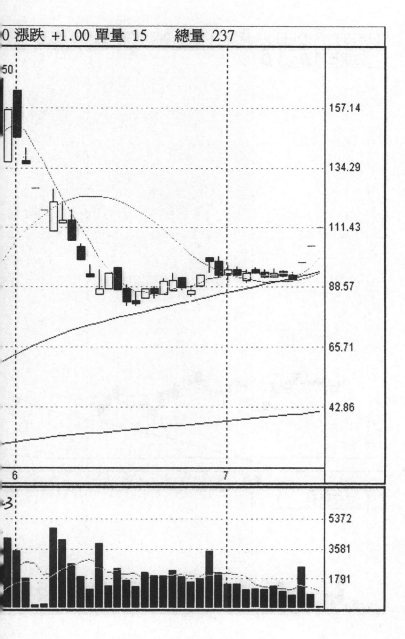

力道K線圖　D

9.46

11.35

30

98/4

5

成交張數

最宏觀的戰略
最靈巧的戰術

股市絕學 VCD①

東山主講 2000 年 8 月全新錄製
全套十片 每片平均約 50 分鐘

包含十大單元
1. 不敗的鐵布衫──四大決勝戰略
2. 最佳多空指標──平均線
3. 決戰前的料敵致勝──多空研判
4. 空頭行情的操作策略
5. 空頭選股操作
6. 多頭行情的操作策略
7. 多頭選股操作
8. 如何打敗盤整行情
9. 極短線操作
10.如何尋找底部

定價 6,000 元
實售價 4,000 元現貨供應

有了戰略 更要有戰術
第 1 集告訴您致勝的大原則
第 2 集則教您達成勝利的方法
所以 看過第 1 集 更不可錯過第 2 集

股市絕學 VCD②

東山又於 2001 年 7 月完成的另一套最新力作。

全套 11 片，平均每片 50 分，第 11 片 40 分

內含 **17** 個重要單元：

1. 進場之前先做什麼？
2. 怎麼看線路圖？
3. 均線的四個重要多空訊號
4. 如何掌握短線多空易位？
5. 第一時間定多空——總論穿頭與破腳
6. 如何賣在上漲行情的高點？
7. 什麼才是好股票？
8. 箱型整理的玄機
9. 當行情由全空反彈時的先落底股……
10. 上波強勢股 本波？勢股？

11.反彈行情 誰能大漲？

12.二種最常見的落底方式——橫向整理和以跌止跌

13.地雷股中有黃金

14.最強烈的變盤訊號——總論巨量長紅

15.多頭初起時怎麼找狂飆股？

16.狂飆股大回檔後的反彈怎麼操作？

17.軋空的條件

定價 6,600 元
實售價 4,400 元現貨供應

打通股市量價任督二脈
接軌財神爺鈔票滾滾來

股市絕學 VCD ③

量價合判

所有的股市老手都知道，量與價是股市的任督二脈，也是決定多空方向的二大主軸，弄通了它，就等於和財神爺接上軌，搬金取銀，隨性隨心。

然而，想和財神爺拉關係、套交情，可不是那麼容易的事，因為量價間的變化牽扯，複雜萬端，就好像孫子兵法中所謂的奇兵與正兵般「奇正相生，如環之無端」，量價間不同位階的互動，有不同的意義，如何解讀其結構，掌握多空致勝最重要的關鍵，請看「量價合判」所做的精密剖析。

2002 年 11 月全新錄製／東山主講
全套 11 片，每片約 50 分鐘

全套共計十個大題：
① 籌碼安定與否主導股價多空
② 是看個股呢？還是看大盤？
③ 解構逢低買進與逢高賣出的迷思
④ 解構個股爆大量的玄機
⑤ 看價選股 a——多頭初起的選股

⑥看價選股 b——多頭確定後的選股

⑦看價選股 c——多頭結束後的空頭選股

⑧最強烈的多頭訊號

⑨最強烈的空頭訊號

⑩空頭市場中的多頭陷阱

定價 6600 元　實售 4400 元/現貨供應

VCD①②③一次合購特別優待：
原總價 12,800 元　只收 9,900 元

購買辦法：

① 本系列坊間不售，台北地區專人送貨收款，請電(02)22117491，24h 內送達。

② 外埠請劃撥 10898165 李張慧民帳戶。

劃撥後，請註明：姓名、地址、電話、傳真，連同收據傳真至 22117493(24h)，24 小時內掛寄。

③ 也可以另加 100 元，指定「郵局貨到付款」服務，請電(02)22117491。

束山 15 年來最具震撼性全新力作

股市有史以來最細膩、最獨特、最全面的看盤技巧

撥除盤中走勢迷霧，點破盤中量價玄機，掌握後市多空

股市盤機 CD 出版了

個股盤中強弱解讀與盤選股／個股與大盤盤中高低點掌握／由盤中走勢判斷後市多空／當沖／漲停多空與跌停多空的判讀……等所有看盤技巧

　　無論多空，沒有盤中強（弱）勢，就沒有多(空)頭排列，沒有多(空)頭排列，就沒有波段行情。

　　看盤能力是股市操作最重要的基礎，看不懂盤，就看不懂線，看不懂線，就會搞不清多空，搞不清多空，就會腦袋空空，腦袋空空就會兩邊挨轟，口袋空空。

　　然而，無論大盤或個股，盤中走勢往往迷霧重重，禍福相倚，利機與殺機交錯於其中，只有把盤看

315

懂，才能避開殺機抓住利機，把股市變提款機。

這套「股市盤機」CD，是東山於 2003 年 10 月 12 日到 11 月 16 日，花了一個多月時間錄製完成的最新力作——絕不重複的全新內容，聞所未聞的觀點、見所未見的技巧……，保證讓您省悟：**原來盤是這樣看的！股票是這樣做的！**

東山主講／全套共 17 片 CD／另附講義：菊 8K (A4) 一百餘頁，內含 162 幅個股及大盤盤中走勢圖及日 K 線圖(只送不賣)

全套共計 12 個大講題

1. 漲停成交的強弱與空研判———一樣的買賣漲停不一樣的多空後市(第 1,2 片)。
2. 最強勢的多頭漲停板(第 3,4 片)。
3. 漲停打開和跌停打開(第 4,5,6 片)。
4. 跌停打開的多頭機會(第 6 片)。
5. 個股盤中強弱勢的觀察與判斷(第 7,8,9,10,11,12 片)。
   (1) 個股和昨天的走勢相比(第 7,8 片)。
   (2) 個股後半場和前半場相比(第 8 片)。
   (3) 個股和大盤相比(第 9,10 片)。

(4) 個股和所有其它個股相比(第 11,12 片)。

6. 跌停必開觀察法(第 12 片)。

7. 可以期待的漲停打開(第 13 片)。

8. 最恐怖的多頭陷阱──盤中假多頭大買單(第 14 片)。

9. 什麼情況下該當沖(第 14 片)。

10.開盤跳空盤中補空(第 15,16 片)。

11.大量在下與大量在上(第 16,17 片)。

12.個股盤中瞬間巨量的短線多空解讀(第 17 片)。

(詳細內容介紹請看本書 P166～188)

實售價 **5,100** 元 現貨供應

購買辦法：

1. 坊間不代售，台北地區專人送貨收款，請電 (02)22117491。

2. 外埠請劃撥 10898165 李張慧民帳戶，劃撥後請將收據附上：姓名、地址、電話，直接傳真至 (02)22117493(24h)即可先掛寄。

3. 也可以另加 100 元採「郵局貨到付款」方式，方法是：
①直接來電聲明訂購。②傳真個人資料(姓名、電話、地址)至(02)22117493 聲明採「郵局貨到付款」方式訂購即可。

「從進場到出場」CD
東山主講/全套四片/實售 1,200 元

本 CD 是東山在 2002 年 12 月 7 日講習的全程錄音。

這個講習最主要的目的是，幫投資人建立一套最簡單、最實用，也是最完整的操作概念與技巧：從進場前的多空判斷？如何多頭操作？如何空頭操作？如何短線進場出場？如何中長線進場出場乃至於操作轉向？最重要的是：如何祛除選股盲點？如何抓到大飆股？更重要的是如何穩坐「飆馬」，不會半路被洗掉，方法簡單、概念清楚，現學即可現用。

VCD、CD 合購再優待

股市絕學 VCD①②③
+股市盤機 CD
+從進場到出場 CD

只收 14900 元

牛肉在這裡

A.本社自本年 5 月成立網站(<u>www.da-chin.com</u>)
以來，不斷地充實內容，至今已 po 上網約二
十萬字，歡迎點閱（免費）：
　1.東山股市操作文章（在東山論壇）已在八萬
　　字以上，目前持續增加中。
　2.李安石：三國史、孫子兵法、諸葛亮兵法已
　　po 上網約十餘萬字，目前持續增加中。
B.1.「東山股市實戰教學」課程內容、上課時間、
　　上課地點、最新上課時間、報名方法與優
　　惠，網站均有最新最詳盡報導。
　2.東山每個月均有股市新作發表。
　3.李安石將於最近在李安石論壇發表「三國
　　史」最新作。
　4.讀者們若對本社、東山、李安石有所指教，
　　亦請在網站留言，我們會盡快答覆。
　5.關於本社、東山、李安石所有重要消息，均
　　會在本網站發布，請隨時上網查詢。

　　　　　　大秦出版社 2010 年 11 月 15 日

新股市絕學. 1.反向思考法 / 東山著. -- 初
　版. -- 臺北縣新店市：大秦. 民 99.04
　　面：　　　公分
　ISBN 978-957-8833-33-3(平裝)

　1. 股票投資　2. 投資分析

563.53　　　　　　　　　　　　　　　9005937

股市絕學①反向思考法

發 行 人：李榮中
著　　者：東　山
封面設計：黃聖文
出 版 者：大秦出版社
網　　址：www.da-chin.com
登 記 證：局版台業字第 5911 號
營業地址：台北縣新店市安民街 65 巷 17 號 2 樓之 2
郵政劃撥：17241221 大秦出版社
電　　話：(02)22117491
傳　　真：(02)22117493
總 代 理：聯合發行股份有限公司
電　　話：(02)29178022
再版一刷：中華民國 99 年 11 月 15 日
定　　價：新台幣 280 元
法律顧問：李亢和律師

320